하이파이브

하이파이브

켄 블랜차드 · 셀든 보울즈 외 지음
조천제 · 박종안 옮김

21세기북스
www.book21.com

함께 일하는 즐거움

켄 블랜차드가 『하이파이브(High Five)』의 '추천의 글'을 써 달라고 부탁했을 때 나는 영광이라고 대답했다. 원고를 다 읽고 보니 그 말로도 부족하다는 느낌이 들 정도로 이 책은 정말 좋다!

요즘처럼 복잡하고 급변하는 시대에 『하이파이브』는 누구든지 팀의 일원이 된다면 더욱더 많은 것을 성취할 수 있다는 점을 깨닫게 해준다.

그보다 더 중요한 것은 이 이야기가 매우 감동적이라는 점이다. 여러분도 내가 느꼈던 감정을 느끼기 바란다. 이 책은 우리 자신을 뛰어넘는다는 것이 우리 삶에 얼마나 위대한 의미를 부여해주는지 보여준다. 그것은 우리에게 영감을 불어넣고 우리를 살찌운다.

켄은 팀의 일원으로서 일하는 것이 어떤 것인지를 알고 있을 뿐만 아니라 그런 삶을 살고 있다. 그는 내가 함께 일하는 즐거움을 누리도록 해준 최고의 동료이다.

『1분 경영자(The One Minute Manager)』를 함께 저술했을 때, 일 더하기 일은 둘보다 훨씬 더 위대하다는 것을 알게 되었다. 우리의 공동 목적은 단순한 진리를 사람들에게 이해하기 쉽게 전달하여 그들이 보다 효과적으로 살아갈 수 있도록 도움을 주는 것이었다. 우리는 서로가 가진 힘을 축적해나갔고 그 과정에서 크나큰 재미를 느꼈다. 우리는 각자가 혼자 해낼 수 있었던 성과보다 더 큰 결과를 얻었다.

『누가 내 치즈를 옮겼을까?(Who Moved My Cheese?)』를 쓰면서 우리는 팀 노력에 다시 불을 지폈다. 나는 지금도 켄이 자극을 주지 않았더라면 그 책을 쓸 수 있었을지 의문이 든다.

이제 『하이파이브』가 나오다니! 이 책을 읽자마자 나는 내가 속한 여러 팀의 동료들과 함께 공유해야겠다는 생각을 했다. 이 이야기를 읽으면 우리 모두는 더욱 좋은 팀원이 되고, 팀의 결과를 개선시켜야겠다는 자극을 받게 된다.

우리가 21세기에 생존하고 번영하려면 팀에서 성공적으로 일하는 법을 배우는 일이 필수적이다.

『열광하는 팬(Raving Fans)』 『경호!(Gung Ho!)』 그리고 『빅벅스(Big Bucks)』의 공동 저자 셸든 보울즈, 그리고 오랫동안 컨설팅 파트너이자 팀 개발 전문가였던 돈 커루와 유니스 파리시가 강조하듯, "우리 모두를 합친 것보다 현명한 사람은 아무도 없다."

나는 이 읽기 쉽고 감동적인 이야기에서 여러분이 구하고자 하는 것을 얻게 되길 바란다. 그 순간 하늘 높이 손을 치켜들고 팀원인 당신과 다른 동료들에게 위대한 하이파이브를 외쳐보았으면 한다.

"하이파이브!"

『누가 내 치즈를 옮겼을까?』의 저자
『1분 경영자』의 공동 저자
스펜서 존슨

"우리 모두를 합친 것보다 현명한 사람은 아무도 없다!"

이 책을 우리말로 옮기는 작업을 마치고 나서 내용을 음미하며 다시 한 번 읽어보았다. 번역하는 과정에서 강하게 머리 속을 맴돌던 느낌의 실체를 확인해 보고 싶어서였다. 원고의 마지막 장을 덮으면서 그 느낌은 분명해졌다. 팀워크가 이렇게 아름답고 감동적일 수 있다니!

팀과 조직 문제에 관한 한 전문가로 자부해온 우리 두 사람도 주인공 앨런과 초등학교 5학년 아이스하키 팀인 리버밴드 전사 팀이 승리의 하이파이브 팀을 향해 나아가는 생생한 스토리를 통해 참으로 많은 것을 배울 수 있었다. 무엇보다도 이 책은 인간에 대한 따뜻한 애정을 바탕에 두고 있다.

블랜차드는 인간이 꿈과 목표를 간직하고 그것을 이루어 나가는 과정에서 팀이 얼마나 소중하며 큰 힘이 될 수 있는지를 설득

력 있게 보여준다. 더욱 절묘한 것은 생산성이니 경쟁이니 하는 단어를 한마디도 안 쓰면서 가장 경쟁력 있는 팀워크를 이루고, 최고의 성과를 내는 팀을 구축하는 과정을 명쾌하게 알려 준다는 것이다.

또한 마치 나이든 세대의 향수 정도로만 취급받는 공동체적인 가치를 현대적인 감각으로 되살려 놓고 있다. 과거처럼 권위를 앞세우지 않고 칭찬과 격려와 설득을 통해서 어떻게 사람 사이의 협동과 조화를 이뤄갈 수 있는지를 생생하게 보여주고 있다. 따라서 기업만이 아니라 가정이나 학교, 스포츠 팀 등 어떤 조직에 속해 있는 사람이라도 본받을 만한 가치와 지혜와 실용적인 방법을 배울 수 있을 것이라고 확신한다.

이 책의 주인공인 앨런은 스스로 최고라고 생각하는 사람이었다. 실제로도 '생산우수상'을 받을 정도로 아무리 어려운 상황에서도 목표를 달성하지 못한 적이 없었다. 그런데 어느날 회사에서 해고를 당한다. 왜?

이유는 앨런이 팀워크를 모른다는 데 있었다. 새로 온 사장은 공을 혼자서만 독점하는 나 홀로 스타보다는 팀원 모두를 영웅으로 만들 줄 아는 사람을 원했던 것이다.

그렇게 해고된 앨런은 우연한 기회로 역시 팀워크가 엉망인 초등학교 아이스하키 팀인 리버밴드 전사 팀의 코치가 된다. 그 팀은 선수 개개인의 적극성과 열정에서는 최고였지만 꼴찌를 맴도는 팀이다. 하이파이브의 이야기는 이렇게 시작된다.

정도의 차이는 있을지언정 앨런처럼 영웅 콤플렉스에 **빠져** 고민하고 갈등하는 사람이 우리 주위에도 얼마나 많은가? 또한 리버밴드 전사 팀과 같은 조직이나 팀을 찾아보는 것도 그리 어려운 일은 아닐 것이다. 저자는 그러한 사실을 잘 알고 있었기에 이 책의 메시지가 독자들의 머릿속에 강렬하게 각인될 수 있도록 아이들의 팀을 선택했을 것이다.

스펜서 존슨의 지적처럼 이 책을 끝까지 읽어본 사람은 누구나 자신이 그 동안 많이 알고 있다고 생각했던 팀과 팀워크에 대해 모르는 것이 얼마나 많았는지 절감하게 될 것이다.

"우리 모두가 영웅이다!"

"우리 모두만큼 훌륭한 영웅은 없다!"

2001년 10월

조천제 · 박종안

앨런과 리버밴드 팀의 만남

1

해고를 당한 슈퍼스타 앨런

해고! 이 말이 앨런의 귓전을 파고들었다.

"개인적인 감정은 없네, 앨런. 자네의 근무 성과를 책망하는 것도 아닐세."

부사장은 앨런에게 구조조정과 인원감축의 불가피함을 장황하게 이야기하고 있었다.

하지만 앨런에게는 다 쓸데없는 말이었다. 구조조정은 바로 해고를 뜻했다. 이제 회사에서 그가 필요없다는 말이다.

두툼한 명예퇴직 수당과 전직을 위한 상담이 지원될 거라고 말했지만 앨런의 귀에는 들어오지 않았다. 그의 머리는 눈앞의 상황을 이해하기 위해 요동치고 있었다. 마음 한구석에서는 자신이 변화에 적응하지 못했다는 걸 인정하고 있었다.
그런 지적을 여러 번 들었지만 아직까지도 자신을 변화시
키지 못했다는 점도 인정할 수밖에 없었다. 그러나 그는 늘
생산에서 최고의 성과를 내고 있었다. 따라서 인간관계, 즉
사람들과 함께 일하는 데서 생기는 문제 때문에 해고당할 거
라고는 생각지도 못했다.

사무실에 돌아온 앨런은 짐을 싸라는 얘기를 들었다. 21분
후에 그는 가족 사진과 책, 필기도구, 그리고 맨 아래 서랍에
서 꺼낸 다이어트용 탄산음료를 담은 상자 하나를 들고 자기
자동차 옆에 섰다.

"안녕히 가십시오, 앨런 씨."

그를 밖에까지 안내한 경비원이 꾸벅 인사를 했다.

"당신이 떠나는 걸 보니 슬프군요. 항상 제게 잘 해주셨는
데."

경비원이 물러서서 망설이다가 말을 꺼냈다.

'제기랄, 내가 잘 대해주지 않은 사람이 어디 있겠어!'

앨런은 짐을 트렁크에 실으면서 생각했다.

마침 그때 글자가 새겨진 장식용 접시가 앨런의 눈에 들어
왔다. 5년 전에 받은 것이었다. 생산우수상.

그는 가슴이 아파왔다. 자신은 회사를 위해 최선을 다했고 성과도 훌륭한 생산자였다. 목표를 부여받으면 언제나 그 목표를 달성했다. 보고서도 항상 정확하게 제출했다. 예산을 초과하는 일도 없었고 모든 정책과 절차를 완벽하게 맞췄다.

앨런은 포드 자동차 뒷문을 쾅 닫았다. 아무리 곤란한 일에 부딪쳐도 늘 냉정하기로 유명했던 앨런은 자신이 화를 내고 있다는 사실에 깜짝 놀랐다. 그는 이 회사에 10년 동안 기여해왔다. 그런데 지금은 더 이상 필요가 없다며 구조조정이라는 덤프트럭에 실려 내팽개쳐진 것이다.

자동차에 타려는 순간 그는 신임 사장 조지 버튼을 보았다. 버튼 사장은 회색 캐딜락을 주차하고 있었다. 사장이 이 회사에 온 것은 단지 6개월밖에 안 되었다. 10년 넘게 회사를 지켜온 앨런은 회사에서 쫓겨나고 있는 반면에, 그는 번듯하게 남아 있다.

앨런은 무의식적으로 걸어가서 차에서 내리는 버튼 사장을 막아섰다.

"저는 방금 해고당했습니다."

좌절과 분노를 담은 목소리로 앨런은 말했다.

"예, 알고 있습니다."

버튼 사장이 말했다.

"하지만 전 훌륭한 생산자였습니다."

앨런은 노여움을 억제하며 힘을 주어 말했다.

"물론이지요."

버튼이 동의했다.

"그런데 왜죠? 납득할 수가 없어요."

앨런이 애원하듯 말했다.

"문제는 개인의 생산 능력이 아닙니다. 문제는 당신이 팀원이 되지 못한다는 거예요. 나는 팀원으로 조화를 이룰 수 있는 훌륭한 생산자들만을 원해요."

앨런에게 구조조정과 인원감축에 대한 얘기를 하려다가 잠시 망설이던 버튼이 앨런의 어깨에 손을 얹고 눈을 똑바로 바라보며 확고하지만 부드럽게 한 말이었다.

앨런이 항변하려 하자 버튼이 말을 덧붙였다.

"생각해보시오, 앨런. 당신은 혼자서는 그 누구보다도 일을 잘합니다. 하지만 다른 팀원들은 그다지 일을 잘하지 못해요. 앨런, 당신은 퍽(PUCK : 아이스하키에서 사용하는 공)을 혼자서만 차지하는 사람입니다."

"당신은 1인 아이스하키 팀이고, 그건 오늘날에는 맞지 않아요. 난 우리의 목표를 향해 함께 일할 수 있는 사람이 필요해요. 그렇게 하자면 당신은 평소보다 점수를 적게 내겠지만 팀은 훨씬 더 많은 점수를 낼 거예요. 나는 사장으로서 모든 사람의 기여도를 최대화하길 원합니다. 사실 당신은 우리에게 너무 많은 비용을 들게 합니다. 행운을 빌어요, 앨런."

앞좌석에서 가방을 꺼내든 버튼 사장은 사과하는 듯한 표정을 지으면서 실직한 앨런을 혼자 세워둔 채 떠나버렸다.

앨런은 천천히 자기 차에 올라타고 집으로 차를 몰았다.

아내 수잔은 남편의 해고 소식을 듣고도 담담했다.

"걱정하지 말아요, 여보. 당신은 능력이 있잖아요. 쉽게 다른 일자리를 구할 수 있을 거예요. 그것도 더 좋은 일자리로요!"

아내가 그를 위로했다.

하지만 더 좋은 일자리라니? 앨런은 확신이 서지 않았다. 그는 버튼이 옳다는 것을 알고 있었다. 자신은 팀원이 아니었다. 하지만 앨런은 버튼이 비난했듯 일부러 그런 것은 아니었다. 단지 생각과는 달리 다른 사람과 퍽을 주고받으며 점수를 얻는 것이 제대로, 아니 전혀 조화를 이루지 못했던 것이다.

16세에 집을 떠난 이후로 앨런은 자기 의사대로 움직인 사람이었다. 그는 공군에서 공식적인 교육을 받고 비행기 조종 기술을 배웠다. 승무원들은 앨런과 함께 하늘을 나는 것을 좋아했다. 다른 조종사들은 이륙하기 전에 비행기를 건성으로 체크했지만 앨런은 모든 부분을 점검했다. 역설적이게도 승무원들은 앨런이 아무도 믿지 않는다는 것을 알았기 때문에 그를 믿었다.

비즈니스맨이 된 후에도 앨런은 독불장군으로서 살아왔다. 그는 모든 것을 스스로 통제했다. 모든 일에 열정적이었으며, 항상 목표를 초과 달성했다. 심지어 소속 팀의 상황이 최악이어도 앨런만은 목표를 초과 달성했다. 그런 그에게 사장은 팀원이 되라고 여러 번 지적했다. 그도 노력을 안 해본 것은 아니다. 하지만 금방 옛날 방식으로 돌아갔다. 그것이 익숙했기 때문이다.

그러나 앨런도 세상이 변하고 있다는 걸 알아차릴 수 있었다. 훌륭한 생산자든 아니든, 앨런과 같은 외로운 늑대의 시절은 끝나고 있었다. 그가 예전에 슈퍼스타였다는 사실이 그를 구원해주지는 못한 것이다. 슈퍼스타에 대한 앨런의 생각과 버튼의 생각은 매우 달랐다. 버튼 사장이 생각하는 슈퍼스

타는 두 가지 시험에 합격해야 했다. 버튼은 개인의 생산성뿐만 아니라 팀원의 생산성을 높이는 일이 중요하다고 생각했다. 하지만 앨런은 그 사실을 너무 늦게 깨달았던 것이다.

독불장군, 팀워크를 가르치다

앨런에게는 리버밴드 초등학교의 아이스하키 팀 선수인 아들이 있었다. 그동안은 일에 쫓겨 아들의 경기를 보지 못했던 그는 회사를 그만둔 후 가끔 경기장에 들렀다.

앨런의 운명을 바꾼 토요일 오후에도 평소처럼 아들과 함께 경기장으로 갔다. 고함소리와 이어지는 응원, 그리고 퍽을 차지하려고 필사적으로 다투는 목재 아이스하키 스틱이 부딪치는 소리가 차가운 공중에 울려 퍼졌다. 경기장은 열기로 달아오르고 부모들은 발을 동동 구르며 응원에 정신이 없었다.

경기 종료 시간이 다 되어가면서 빙판 위에서는 퍽을 차지하기 위한 선수들의 열기가 절정으로 치달았다. 마침내 호루라기 소리가 울리고 경기가 끝났다. 선수들이 라커룸으로 퇴장하는데도 관중들의 흥분은 쉽게 가라앉지 않았다.

적극성과 투지에 관한 한 리버밴드 초등학교 5학년 아이스하키 팀은 가장 뛰어났다. 선수들은 자신이 언젠가는 북미 아이스하키 리그의 스타가 될 거라고 믿고 있었다. 자신의 능력에 대한 흔들림 없는 믿음과 할 수 있다는 태도가 경기를 승리로 이끄는 열쇠라면 리버밴드 전사들은 분명 리그에서 1위를 하고도 남았을 것이다. 그러나 불행하게도 그들은 대부분의 경기에서 패했다. 어쩌다 그들이 이기는 경우는 상대 팀이 최악의 경기를 펼쳤을 때뿐이었다.

그날 앨런은 아들 데이비드와 동료 선수들이 또다시 부끄러운 패배를 당하는 걸 지켜보았다. 그러나 꼬마 전사들은 경기장을 나와서도 자신들의 패배를 시인하지 않았다. 그들은 심판이 불공정했고, 빙판 상태가 나빴고 작전 시간이 적절치 않았으며, 심지어 스케이트 날을 제대로 갈지 않았다는 등의 불평을 쏟아냈다.

개인이든 집단이든 아무도 패배에 대해 책임을 지려 하지 않았다. 앨런은 아이들이 스스로의 단점을 너무나 모르고 있다는 데 놀랐다.

데이비드가 라커룸에서 옷을 갈아입는 동안 앨런은 고어먼 코치와 이야기를 나누었다.

"난 항상 훌륭한 팀을 꿈꾸어 왔어요. 그렇지만 결국 자기 멋대로 하는 아이들에게 두 손을 들고 말았습니다."

고어먼이 호탕하게 웃으며 말했다.

고어먼 코치는 선수석에서 나와 라커룸으로 이동하면서 계속 말을 이어갔다.

"하지만 퍽을 쫓아다니는 걸 두려워하지 않고, 퍽을 제멋대로 독차지하지 않는 그런 훌륭한 팀을 만들고 싶다는 생각을 아주 포기한 건 아닙니다."

퍽을 독차지한다는 말이 앨런의 귓가를 때렸다. 하지만 고어먼 코치가 한 다음 말이 더욱 거슬렸다.

"데이비드가 내 아들 빌리에게 당신이 일자리를 잃었다고 말하더군요."

"맞습니다."

기분보다 더 퉁명스럽게 앨런이 대답했다.

"참 안됐군요, 운이 안 좋았나봐요."

고어먼이 아이스하키 스틱들을 어깨에 둘러메며 말했다.

"아닙니다."

앨런은 의식적으로 강하게 부정했다.

"불운이 아니죠. 지난 4~5년 동안 회사는 변하고 있었는데 난 변하지 않았죠. 결국 내가 더 이상 그 회사에 맞지 않았던 겁니다. 그건 운이 나빴다거나 심판이 나빴다거나 빙판이 나빴던 것이 아니지요. 내 잘못입니다."

"이런!"

고어먼이 말했다.

"우리 아이들이 그런 책임감과 배짱을 반이라도 가진다면 정말로 최고의 아이스하키 리그로 가게 될 겁니다. 아이들은 경기 결과에 대해 어떠한 책임도 지려고 하지 않아요."

"저도 사실, 저 자신이나 다른 사람에게 처음으로 이 사실을 인정한 겁니다."

앨런이 조심스럽게 말했다.

"아이들이 경기장을 떠나면서 잘못된 불평을 늘어놓는 걸 들었어요. 아마 그 순간 내가 각성을 한 것 같아요."

앨런은 언제나 믿을 사람은 자신뿐이라고 생각했기 때문에 자기 외에는 책임을 질 사람이 아무도 없다고 믿었다. 이런 생각이 항상 문제의 핵심을 회피하게 만들었다. 그는 잘못을 인정하게 되었지만 너무 늦었다. 이제 더 깊이 더 진지하게 들여다 볼 필요조차 없어져 버린 것이다.

고어먼은 이런 속사정을 제대로 알지 못했다. 그는 완전히 다르게 생각하고 있었다.

"좋아요. 당신을 당혹스럽게 할 생각은 없었어요."

고어먼이 미안한 표정을 지으며 말했다.

"괜찮아요."

앨런이 말했다.

"정말 너그러우시군요. 당신에게 부탁이 있어요. 낸튼 코치와 저는 도움이 필요해요. 저는 당신이 아이들에게 진심어린 도움을 줄 수 있다고 봐요. 시간을 내서 우리를 도와주시지 않겠습니까?"

"내가 아이스하키를 가르쳐요? 스케이트를 타본 지도 오래됐어요. 게다가 아이스하키 규칙도 모르는데요."

앨런은 고어먼의 갑작스런 제안에 깜짝 놀랐다.

"규칙은 내가 압니다. 게다가 낸튼 코치는 스케이트를 환상적으로 잘 타지요. 하지만 코치들이 최우선으로 해야 할 일은 아이들을 하나의 팀으로 협력하게 만드는 것이지요. 모두가 함께 뛰면 각자가 100%를 성취하는 것보다 더 많은 것을 성취하게 된다는 걸 가르쳐주는 것 말입니다. 그게 바로 우리가 도움을 받고 싶어하는 분야입니다. 이 아이들이 팀워크의 마법을 배우게 된다면 기술이나 규칙을 배우는 것보다 더 커다란 선물을 받게 될 거예요."

몇 분 전만 해도 스틱이 부딪히고 환호소리가 울려퍼지던 경기장에는 앨런과 고어먼 외에 아무도 없었다.

"무슨 말인지 알겠습니다."

앨런이 숨을 크게 쉬면서 말했다.

"하지만 오늘밤에 하는 두 번째 솔직한 고백인데, 저는 팀워크 때문에 해고당했습니다. 저는 최고의 생산자임에도 불구하고 훌륭한 팀원이 아니라는 이유로 해고당한 거라구요. 전 팀워크를 가르칠 수 있는 사람이 못 됩니다."

고어먼은 물러서지 않았다.

"그 회사는 당신을 원하지 않았을지 모르지만 전 당신이 필요합니다. 전 당신이 이 일에 가장 적합하다고 생각합니다. 노래를 가르치기 위해서 파바로티처럼 노래를 잘할 필요는 없잖아요."

어깨에 두른 아이스하키 스틱의 무게중심을 바꾸면서 고어먼이 대답했다.

사실 고어먼은 가장 적합하다느니 하는 것에는 관심이 없었다. 그는 단지 짐을 분담할 또 다른 학부모가 필요했을 뿐이었다.

"제 아내와 저는 생수를 팔며 살아가고 있습니다. 낸튼은 그래픽 디자이너입니다. 우리는 팀워크에 대해서 아무것도 모릅니다. 적어도 당신은 팀워크에 대해 조금은 알고 있잖아요."

앨런이 관심을 기울인다는 것을 눈치챈 고어먼이 계속 말했다.

"당신은 이 분야의 전문가가 될 겁니다!"

그는 웃으면서 말을 덧붙였다.

"난 당신이 필요합니다, 앨런."

고어먼은 천천히, 정성스럽게, 그리고 진지하게 말했다.

"갑자기 그 일을 하고 싶군요."

앨런의 퉁명스럽던 목소리가 부드럽게 변했다. 그는 자신을 필요로 하는 곳이 있다는 사실에 무척 기뻤다.

"아침 7시에 연습이에요. 그러면 화요일에 뵐까요?"

"꼭 나가도록 하죠."

앨런이 대답했다.

"정말 잘 됐습니다. 그리고 감사합니다. 당신과 함께 일하는 게 기다려지는군요."

고어먼이 라커룸으로 사라지면서 소리쳤다.

앨런은 그날 있었던 일을 아내에게 간단히 설명했다.

"자기에게 가장 부족한 것을 다른 사람에게 가르친다는 얘기 들어봤어? 글쎄, 내가 리버밴드 전사들에게 팀워크를 가르치게 됐어. 허허허!"

엉망이 되어버린 첫 시합

앨런은 도서관에서 스포츠 관련 서적들과 '팀 구축' '팀워크'에 관한 서적들을 뒤지며 선수 교육에 관한 지식을 쌓기 시작했다.

하지만 그의 실제 교육은 화요일과 목요일 밤, 그리고 토요일 저녁에 이루어졌다. 화요일과 목요일 밤에는 17명의 리버밴드 전사들끼리 연습을 했고, 토요일 저녁에는 선수복을 입고 빙판에 나가 시합을 했다. 한 달에 세 번은 보기 좋게 패했다.

코칭 스태프는 연습을 통해 아이들에게 세 가지를 가르치려고 애썼다. 무엇보다도 첫번째는 기본기의 습득이었다. 그들에게 전속력으로 스케이트 타는 법을 훈련시켰다. 낸튼 코치는 처음 호루라기를 불면 끽 소리를 내며 멈추면서 방향을 바꾸고, 다음 호루라기를 불 때까지 뒤로 스케이팅하라고 아이들에게 말했다. 하지만 스케이트를 못 타는 아이들은 정지 신호에서 멈추려 해도 그냥 미끄러져버렸고, 아이들 대부분은 급정지를 못한 채 천천히 돌며 미끄러졌다. 한두 명만이 스케이트 날 옆면으로 브레이크를 걸려고 시도했으나 그나마도 자주 넘어졌다. 그들은 퍽을 드리블하면서 패스하고 골문을 향해 재빨리 슛을 쏘는 훈련을 받기는 했지만 그것도 이론뿐이었다. 현실은 달랐다. 천부적인 재능을 타고난 제드 부드를 제외하고는 기술이 형편없었다.

두 번째 가르침은 스포츠 정신과 경기 규칙, 그리고 전통이었다.

"경기 후에 빙판 중앙에 열을 지어 서서 상대 팀 앞을 지나가며 악수하는 전통은 5학년 선수들에게 더 이상 가르치지 않아요. 선수들 간에 싸움이 너무 많이 일어나자 협회는 스케이트를 타고 지나가며 악수하는 것을 취소해버렸어요."

앨런이 아이들과 처음 연습을 하는 동안 고어먼은 화가 난 목소리로 말했다.

"의지도 마음도 약한 공상가들이 경기를 맡으면서 많은 것을 망쳐버렸어요. 협회는 아이들과 얼음판 위에서 뒹구는 대신에 탁상공론으로 시간을 보내며 경기를 망치고 있어요. 우습게도 그들은 동네 건달 같은 아이들을 자기들이 잘 통제하고 있다고 모든 사람들에게 자랑하고 있다구요!"

마지막 가르침은 바로 팀워크였다. 팀이 하나의 목표를 달성하기 위해 어떻게 함께 협력하며 행동해야 하는지 또, 팀 내의 단위가 어떻게 패스하고 방어와 공격을 할 것인지 아이들에게 가르치는 것이다.

하지만 그것 역시 성공을 거두지 못했다. 그들은 화요일과 목요일에 팀워크를 훈련했으나 경기 당일까지도 뒤죽박죽이었다. 경기 시작을 알리는 호루라기가 울린 후 경기가 끝날 때까지 수비 선수 두 명과 포워드 세 명이 빙판 위를 누비고 다녔다. 때로는 퍽을 쫓아다니고, 때로는 진로를 방해하고, 때로는 관중들에게 인사를 하기도 했다.

"케빈, 뒤로 떨어져. 방어선을 구축해야지."

고어먼 코치가 고함을 쳤다.

"패스해, 래리. 패스하라구."

래리가 열 발자국 이상 움직이면 반드시 상대에게 퍽을 빼

앗긴다는 걸 아는 학부모들이 고함을 쳤다.

"슛, 래리, 슛을 해."

그러나 래리의 엄마는 아들이 슛을 쏘면 바로 점수로 연결된다고 믿으며 소리치고 있었다.

"오늘밤 래리를 보셨어요? 일곱 번이나 슛을 했어요. 일곱 번이나요!"

경기가 끝나자 래리의 엄마는 다른 아이들의 부모에게 야단법석을 떨며 자랑했다.

"아이들보다 부모들이 더 나쁘군요. 부모들이 우리가 연습 때 배운 것들을 망쳐버렸어요."

앨런은 열을 올리며 고어먼에게 말했다.

"하지만 그들은 모두 좋은 부모들이에요. 사실 대부분의 아이들은 우리나 부모가 뭘 하든 상관하지 않아요. 아이들이 우리가 가르치는 내용 중 한 가지라도 명심했으면 좋겠어요."

고어먼이 웃으면서 말했다.

그런데 이 세 가지 가르침 중 두 가지를 확실하게 고수하는 유일한 선수가 바로 티모시 버로우스였다. 티모시는 규칙과 전통을 알고 있었다. 그는 또한 자기가 뛰어야 할 위치와 역할을 이해하고 있었다. 팀 동료들이 떼를 지어 빙판에서 퍽을 차지하려고 뒤엉킬 때 티모시는 뒤로 물러나 방어를 했다. 또한 상대방의 브레이크어웨이(골키퍼와의 일대일 공격 찬스)에 맞서거나 빙판에 떨어진 퍽을 가로채 포워드에게 패스할 준비를 하며 자기 지역을 잘 지켜나갔다.

그러나 티모시는 기술에 관한 한 형편없었다. 그는 팀에서 스케이트를 제일 못 탔으며, 우연히 퍽이 자기 근처로 미끄러져 나오는 경우에도 스틱을 퍽에 갖다 대지 못할 정도였다. 그러다보니 브레이크어웨이를 막는 데 성공한다는 건 꿈에도 생각하지 말아야 했다. 티모시는 용감하게 브레이크어웨이에 맞서려고 했지만 그가 도착했을 때쯤이면 공격자는 이미 멀리 지나간 뒤였다. 기적적으로 그가 공격 진로를 막아선다 해도 상대 선수가 그를 따돌리는 건 식은 죽 먹기였다.

하지만 그건 티모시에게 중요하지 않았다. 그는 언제나 삶이 기쁨의 연속이라고 생각했다. 그는 사방에 즐거움을 퍼뜨리는 아이였다.

"야호! 네가 해냈어. 네가 해냈단 말이야."

경기가 끝나면 티모시는 동료들을 열광적으로 칭찬하곤

했다.

"네가 17번 애를 보기 좋게 제쳤던 거 기억나니? 상대편은 퍽을 보지도 못했어!"

티모시는 팀 동료들이 했던 모든 행동들을 완벽하게 기억하고 있었고, 각자의 성공을 진심으로 칭찬해주는 재능을 갖고 있었다. 게다가 동료들의 수많은 실수에 대해서는 말하지 않는 배려도 할 줄 알았다. 그것은 팀 동료들이 갖지 못한 성숙함이었다. 다른 아이들은 경기가 끝나면 상태가 안 좋은 빙판과 불공정한 심판, 그리고 불운을 탓하면서 서로의 실수를 들춰냈다. 특히 골키퍼 제리의 실수를 늘어놓기 시작했다. 만일 팀이 9대 2로 질 경우 제리가 8개를 막아냈다면 그들이 이겼을 것이라고 생각했던 것이다.

"절대 그렇지 않아."

티모시가 항변했다.

"8점을 더 얻어야 했어. 오늘밤 넌 골대를 잘 지켰어."

티모시는 멋진 아이였다. 동료들은 이런 그를 주장으로 선출했다.

"티모시는 어떤 아이죠?"

코치가 되어 두 번째 경기를 마친 앨런이 고어먼에게 물었다.

"잘 모르겠어요."

고어먼이 말했다.

"난 단지 나머지 아이들이 티모시처럼 생각하기를 바랄 뿐이에요. 티모시도 나머지 아이들처럼 스케이트를 잘 타길 바라구요."

"그의 스틱이 안 좋아 보이던데, 그게 문제 아닌가요?"

"그럴지도 모르죠. 저는 그 애의 스케이트가 좀 무디지 않나 생각해요. 집안 형편이 좋지 않은 거 같아요. 엄마가 안 계신다고 알고 있어요. 3년 전엔가 돌아가셨죠. 빌리 얘기로는 티모시의 아버지가 고급 레스토랑에서 일한다고 하던대요. 티모시의 아버지는 경기 시간에 맞춰 온 적이 거의 없어요. 하지만 멋있는 분이죠."

라커룸에서 아이들은 서둘러 옷을 갈아입고 있었다. 하지만 티모시는 항상 그랬듯이 꾸물거리며 마지막으로 라커룸을 나가고 싶어했다. 그는 차에 타는 걸 거절할 핑계를 꾸며내고 싶었다. 밤이었다. 그는 혼자 걷고 싶었다. 엄마가 돌아가신 후로 밤은 티모시에게 특별한 시간이 되었다.

티모시는 엄마가 죽기 며칠 전 자기에게 들려준 얘기를 잊지 않고 있었다.

"인간은 영혼과 육체로 이루어졌단다. 내 몸은 이제 잘 움직이지 않아. 육체가 멈추면 내 영혼은 새 집을 찾아가게 될 거야."

"영혼이 뭔데요?"

티모시가 궁금히 여겼다.

"그건 사랑하는 마음이지. 내 육체에 무슨 일이 일어나더라도 난 늘 너의 사랑을 간직할 거야. 그래서 난 언제까지나 사라지지 않는 영혼을 갖게 되는 거란다."

티모시의 엄마는 온화한 미소를 지어 보이면서 말했다.

"아빠와 할머니의 사랑도요."

티모시가 진지하게 말했다.

"그래, 할머니와 아빠의 사랑도 함께."

그녀가 부드럽게 감정을 억제하면서 말했다. 두려움 없이 침착한 모습을 보여주는 것이 티모시에게 줄 수 있는 마지막 선물이었다.

"내 영혼이 너와 얘기를 나눌 때 육체가 필요하지는 않단다. 네가 엄마를 보고 싶어할 때 엄마가 항상 곁에 있다는 걸 명심해. 무슨 말인지 알겠지? 사랑하는 내 아들아!"

티모시는 어리둥절한 표정을 지었다.

"아뇨."

티모시가 고개를 저으며 말했다. 그는 단지 일곱 살이었다. 엄마의 말을 이해하는 건 무리였다.

"다시는 어둠을 걱정할 필요가 없을 거야."

그의 엄마가 말했다. 티모시는 어둠 속에 혼자 있는 걸 무서워하는 아이였다.

"밤이면 내가 항상 너와 함께 있을 거야. 너는 언제든지 엄마와 얘기할 수 있고, 엄마는 늘 귀 기울이고 있을게. 네가 말을 하지 않아도 난 들을 수 있어. 항상 너와 함께 있겠다고 약속할게. 특히 밤에는 더욱더 말이야. 알았니?"

"알았어요, 엄마."

티모시가 말했다.

6일 후 티모시의 엄마는 아들과 남편이 보는 앞에서 숨을 거두었다.

장례식날 밤, 티모시는 현관을 나와 어둠 속으로 들어섰다.

수천 개의 별들이 반짝이는 깊고 까만 시골 하늘을 배경으로 낮은 언덕들이 사방으로 굽이쳐 뻗어 있었다. 티모시는 용감하고 신중하게 마당 끝으로 나와 키가 큰 풀숲 속에 섰다.

"엄마?"

그는 속삭였다.

"엄마?"

아무 대답도 없었다. 침묵과 어둠뿐이었다.

"엄마? 어디 있어요?"

티모시는 하늘을 쳐다보며 더 큰 목소리로 재촉하듯 소리쳤다.

티모시의 부름에 대한 대답이 하늘 높은 곳에서 번쩍했다. 엄마가 인사를 한 것이다. 엄마가 그와 함께 있다는 표시였다. 그 순간 그의 마음은 치유되기 시작했으며 두려움이 사라졌다. 이제 밤은 그의 친구가 되었다.

엄마가 세상을 떠난 후 티모시는 혼자 집을 지켰다. 티모시를 걱정스럽게 바라보던 아빠가 아이스하키를 해보라고 권했다. 그는 쉽게 결정할 수가 없었다. 그날 밤 티모시는 엄마와 얘기하려고 산책을 나갔다. 눈이 오기 시작했다. 첫눈이었다. 집에 돌아올 때 하얀눈이 빛에 반짝이면서 은은하게 빛났다. 티모시는 엄마가 자신에게 이야기하고 있다고 생각했다.

'티모시, 아이스하키를 하거라.'

라커룸에서 늑장을 부린 덕분에 티모시는 혼자 갈 수 있었다. 티모시는 아이스하키 스틱을 어깨에 둘러메고, 스케이트를 등 뒤로 매단 채 혼자 어둠 속으로 나왔다.

집으로 걸어가면서 그는 엄마와 이야기를 나눴다. 그가 삶을 긍정적으로 보고 다른 사람들의 장점만을 보게 된 이유는 사소한 좌절은 물론 최악의 소식까지도 늘 엄마와 함께 했기 때문이었다.

티모시는 흥분하거나 속상하거나 화가 날 때면 밤하늘에 대고 얘기를 했다. 그는 자신의 위치를 지키고 퍽을 패스하고 팀원으로 뛰면서 득점을 해야 한다는 것을 분명하고 논리적으로 알고 있었다. 다른 아이들은 왜 그걸 모르는지 이해할 수 없었다. 리버밴드 전사들은 팀워크에는 소질이 없는 것 같았다. 하지만 일주일 후 토요일 밤 팀워크가 티모시의 생명을 구해주었다.

2

우승컵을 향한 힘찬 시작

생명을 구한 팀워크

1분이 지나서야 누군가가 티모시의 부상을 알아차렸다.

방금 전 티모시가 첫 골을 넣었다. 팀 동료들은 스틱을 공중에 높이 올리며 기쁨을 나눴다. 코치들도 환호성을 질렀다. 아이들은 승리를 기뻐하며 서로 빙판을 뒹굴다가 곧바로 일어났다. 그러나 골을 넣으면서 넘어졌던 티모시는 일어나지 못했다.

티모시 오른쪽에 있어야 할 포워드가 늘 그렇듯이 퍽을 쫓아 반대편으로 움직였다. 고어먼 코치는 티모시에게 비어버린 포워드 자리로 움직여 그곳을 지키라고 말했다. 그는 재빨리 포워드 자리로 움직였다.

잠시 후, 한데 뒤엉킨 선수들 밖으로 퍽이 튀어나오더니 티모시 앞으로 다가왔다. 퍽은 천천히 미끄러지면서 그가 스틱을 갖다 댈 수 있는 위치로 미끄러져 왔다.

티모시는 퍽을 몰기 시작했다. 여러 선수들이 뒤를 쫓아오고 있었다. 그가 골문 앞에 도착했을 때 패스할 사람이 보이지 않았다.

티모시는 브레이크어웨이 상황에 놓였다. 자기가 슛을 해야만 했다. 그는 침착하게 스틱을 뒤로 젖혔다가 아래로 내리쳤다. '딱!' 하는 소리를 내며 퍽이 날아갔다.

완벽한 슛은 아니었지만 골키퍼도 완벽하지 못했다. 퍽은 골문을 향해 나아갔다. 다른 선수들이 티모시 바로 뒤에 오는 순간 퍽은 골키퍼 다리 사이로 미끄러져 들어갔다.

그러나 그를 뒤쫓던 아이들과 충돌하면서 티모시는 빙판에 얼굴을 박으며 나뒹굴었다. 헬멧이 벽에 부딪히면서 멈췄다. 환호소리가 가라앉고 빙판을 가로질러 가는 스케이트 소리만이 정적을 깨고 있었다. 사지를 뻗고 꼼짝도 하지 않는 티모시 곁으로 양 팀 코치들이 달려갔다.

"당신이 티모시와 함께 가세요."

고어먼이 앨런에게 다급히 말했다. 18분 후에 구급요원들이 의식을 잃은 티모시를 들것에 실어 구급차에 태웠다.

"난 그의 아버지에게 연락할게요. 낸튼이 아이들을 돌봐줄 겁니다."

구급차 안에 있는 기계들이 티모시의 몸에 연결되어 있었다.

"10살 난 소년 이송 중. 아이스하키를 하다 부상당했음. 의식불명. 경기장 벽에 머리 충돌. 필요사항 송신 중."

구급요원 한 사람이 마이크에 대고 말했다. 사이렌을 울리며 구급차가 출발했다.

"괜찮을까요?"

앨런이 걱정하면서 물었다.

"아버지세요?"

"아뇨. 코치입니다."

"위험하진 않은데 자세한 것은 잘 모르겠습니다. 중요한 사항들을 응급실에 있는 의사에게 보내고 있으니까……."

"11번 구급차, 보이는 사항들을 확인해보세요."

머리 위 스피커에서 여자 목소리가 들렸다.

"머리를 움직이지 못하나요?"

"예, 선생님."

구급요원이 대답했다. 티모시의 머리는 양 옆의 샌드백으로 고정되어 있었다.

"코데인(진통제, 진정제로 사용) 20밀리그램을 주사하세요. 내가 체크해 놓을게요. 응급처치 팀이 기다리고 있어요."

의사의 처방을 확인한 후 구급요원은 티모시의 팔에 주사를 놓았다.

"이거면 환자가 진정하게 되고 갑자기 깨지는 않을 겁니다."

구급요원이 앨런을 안심시켰다.

구급차가 밝고 노란 수은등이 켜진 응급실 현관 앞에 멈췄다. 뒷문이 열리자 사람들이 들어와 티모시를 옮겼다.

앨런이 내렸을 때 티모시와 구급요원들은 이미 병원 안으로 사라지고 없었다. 앨런이 병원 안으로 들어갔을 때 그들은 티모시를 이동 침대로 옮겨 눕히고 있었다. 앨런은 어떻게 해야 할지 몰라 문을 닫고는 벽에 기대어 조용히 섰다. 밝게 등이 켜진 방 안에서 그를 보지 못할 사람은 없었다. 그러나 녹색 옷을 입은 의사들과 간호사들은 그를 아랑곳하지 않고 티모시의 상태를 신중하게 점검하고 있었다.

앨런은 목소리로 의사를 알아보았다. 구급차 무전기에서 들었던 그녀의 목소리가 생생하게 귓가에 남아 있었다. 응급처치 팀 사람들은 모두 수술복인 녹색 셔츠와 바지를 입고 있었다. 머리에는 망을 두르고 마스크를 했으며, 자켓 주머니에는 클립으로 고정시킨 무선 호출기가 있었다.

그들은 서로 직책이 아니라 이름을 불렀기 때문에 누가 책임자인지 알아볼 수 없었다. 각자가 자신이 해야 할 일을 정확하게 알고 있었으며, 새롭게 발생하는 일에 대해서는 곧바로 다른 사람들에게 알려주었다.

자세한 과정은 알 수 없었으나 그들은 본능적으로 하나로 일치되어 일하는 것이 분명했다.

벽에서 X레이 촬영기가 나오더니 티모시 위에 멈췄다. 의사와 다른 두 사람이 모니터를 체크한 뒤 여러 번 기계 위치를 바꿔달라고 요청했다.

"좋아요. MRI(자기공명촬영) 사진을 찍어봅시다. 지금 바로요!"

의료진들이 티모시에게서 물러나면서 앨런을 보았다. 그들은 앨런에게 정중하고도 분명한 태도로 대기실에 나가 있으라고 했다. 티모시는 다른 문을 통해 이송되었다.

20분 뒤에 티모시의 아버지가 고어먼과 함께 왔다. 바로 그

때 앨런이 의사라고 생각했던 여자가 대기실로 건너왔다.

"버로우스 씨?"

그녀가 물었다.

"제가 버로우스입니다. 애는 괜찮습니까?"

"지금 당장은 의식이 없지만 완전히 회복될 수 있을 겁니다. 경막 아래의 혈종이 뇌를 압박하고 있어요. 그 압박을 제거해야 됩니다. 낸시 캔터 박사에게 이미 전화를 했어요. 그녀는 훌륭한 신경외과의사거든요."

"수술을 해야 됩니까?"

티모시의 아버지는 떨리는 목소리로 물으면서 앞으로 닥칠 상황에 대비하려 했다.

"캔터 박사는 아주 훌륭한 분이세요. 전 티모시가 괜찮아질 거라고 생각해요. 그 애는 어리지만 강하니까요. 지금 즉시 혈종을 제거해야 해요. 몇 가지 서류에 서명을 해주셔야 합니다."

"예, 물론 그래야죠."

티모시의 아버지는 이렇게 말하면서 의사를 따라 사무실로 들어갔다.

앨런과 고어먼은 수술이 끝나기를 기다렸다. 두 시간이나

지났지만 그들은 티모시의 아버지와 함께 계속 기다리고 있었다.

　대기실로 들어오는 캔터 박사의 얼굴에 떠오른 미소가 모두를 안심시켰다.

　"아드님은 상태가 아주 좋습니다."

　캔터 박사가 말했다.

　"지금 티모시는 집중 치료를 받으러 이송되고 있지요. 금방 보게 될 겁니다."

　수술은 잘 되었다. 이제 남은 것은 티모시가 언제 의식을 회복하느냐 하는 것이었다. 마취는 곧 풀리겠지만 당장 의식을 회복하지는 못할지도 몰랐다.

　"몇 시간이면 되나요? 아니면 며칠 걸리나요?"

　티모시의 아버지가 물었다.

　"정확히는 모릅니다."

　의사가 말했다.

　말은 하지 않았지만 티모시가 의식을 회복하지 못할 가능성도 있어 보였다.

　"티모시가 회복하는 데는 시간이 좀 걸립니다. 하지만 걱정하지 않으셔도 돼요."

캔터 박사는 그들의 마음을 읽은 듯 말했다.

"고맙습니다, 선생님. 티모시의 생명을 구해주셔서 정말 감사합니다."

티모시의 아버지가 말했다.

"제가 한 역할은 정말 미미합니다. 응급실에 있는 사람들과 구급차에 있던 요원들이 필요한 조치를 잘 취해 주었거든요. 그리고 나서 진단 팀은 제가 무슨 조치를 취해야 하고 예상되는 일은 무엇인지 정확하게 말해 주었어요. 수술실에는 10명으로 구성된 팀이 저와 함께 일하고 있고, 모두들 중요한 역할을 한답니다. 지금은 집중 치료를 맡은 팀이 티모시를 돌보고 있지요. 감사의 말씀은 고맙지만 저는 단지 그 팀의 일원일 뿐입니다."

그 말을 한 후에 의사는 티모시의 아버지더러 아들에게 가보라고 말했다.

고어먼은 앨런에게 집으로 가자고 했다.

"의사 선생님 말 들었어요?"

차에 올라타면서 앨런이 중얼거리듯 고어먼에게 말했다.

"그 의사는 정말 팀에 자신을 맡겨 놓았더군요. 아주 유능한 외과의사예요! 확실히 세상이 변했어요. 예전에 사귀던 여자친구의 아버지가 외과의사였지요. 그런데 그는 자신을 신이라고 생각했어요. 수술실에 팀원들은 없고 하인들만 있을 뿐이었죠!"

"세상이 변했지요."

고어먼이 앨런의 집 앞 거리로 접어들면서 말했다.

"오늘밤 우리가 만난 외과의사는 팀 리더의 좋은 본보기였어요. 그녀는 스스로 보스가 되기보다 모든 팀원이 각자 맡은 일에 책임을 지도록 하고 있다는 생각이 들었어요. 그녀는 팀이 임무를 잘 수행하도록 도울 수 있는 일은 무엇이든지 해요. 필요하다면 그녀가 책임을 맡을 수 있겠지요. 하지만 다른 사람들이 더 좋은 기술이나 지식을 가지고 있다면 그녀는 기꺼이 뒤로 물러서서 그들에게 맡겼어요."

고어먼이 집 앞에 차를 세운 후에도 앨런은 잠시 동안 조용히 앉아 있었다.

"리더가 되는 게 중요한 건 아니죠?"

앨런이 깊은 생각을 하면서 말했다.

"오늘밤 그 의사가 한 애기는 도움을 주는 팀원이 되라는 거였어요. 그녀를 포함해서 팀원들은 모두 개인의 성공보다는 팀의 성공에 집중하고 있었어요. 각자가 공동의 이익을 위해 일하는 거지요."

"한 사람의 프리마돈나는 필요없어요. 모두 팀에 헌신해야 하는 겁니다. 그게 그들의 존재 이유지요."

고어먼이 말했다.

"좋은 지적입니다."

앨런이 말했다.

"그런데 불행하게도 사람들은 지나치게 과정에 사로잡히거나, 혹은 최고의 리더십 스타일을 만들어내려다가 본래의 목적을 잊어버리기도 하지요."

고어먼이 말했다.

"아이스하키에서 그걸 많이 볼 거예요. 물론 5학년 수준에서는 아니고 좀 더 상급학년 수준에서 말입니다. 멋진 경기를 펼치고 많은 패스를 하지만 점수를 내지 못해요. 그건 멋진 과정에만 너무 신경을 써서 자기들이 진정으로 하기로 했던 일은 잊어버리는 거지요. 목적에 맞는 시작이 있어야 결과가 좋은 법이죠."

그날 밤 앨런은 티모시와 함께 간 응급실에서 목격했던 장면, 그리고 의사 선생의 말을 생각하면서 잠을 자지 못했다.

정말로 팀이 티모시의 생명을 구한 것이었다. 의사는 티모시에게 무슨 일이 일어났고, 무슨 조치를 취해야 하는지를 알려준 것은 MRI 사진이라고 말했다.

"제가 수술한 것이긴 하지만 그 MRI가 진짜 주인공이죠. 전 그 기계를 어떻게 작동시키는지도 몰라요."

앨런이 잠이 들 때쯤 의사의 말이 떠올랐다. 그것은 의료진이 개개인으로서가 아니라 하나의 팀으로서 티모시의 생명을 구했다는 얘기였다. 만일 그들이 개인으로 행동했다면 그 일을 할 수 없었을 것이다. 중요한 것은 완전한 상호 의존과 기술의 집약이었다.

결국 개인의 기술은 다른 사람의 기술과 결합될 때 그 잠재력을 발휘한다는 것이다.

앨런은 그 말이 의학계에서는 통하지만 다른 일에도 적용할 수 있을지 확신이 서지 않았다. 그의 생각에 하나의 틈이 생겼다. 예전에 그가 공군에 있을 때도 비행기를 타고 나는 일은 특별하다고 생각했었다. 하지만 오늘밤 그는 처음으로 의사의 논리를 받아들이고 그것을 공군에서의 경험에 적용시켜보고 난 뒤 생각을 바꾸었다. 조종사로서의 그의 성공은 비행기나 일기예보를 점검하는 기술 때문이 아니었다.

결국 자신이 팀의 일원이었기 때문에 성공한 것이었다. 엔진을 점검하고 수리하는 기계공, 비행기를 설계한 사람들, 기체를 튼튼하게 고정하는 직원들, 기상관제, 그리고 항법사……. 너무 많아서 일일이 열거할 수 없지만 이들이 바로 그가 의존했던 사람들이다.

그들의 기술은 앨런의 기술을 제대로 사용할 수 있도록 하는 데 중요한 역할을 했다. 하지만 그는 항상 그들을 보조자로서 바라보았고 자기만큼 중요한 공헌을 하는 팀원으로서는 바라보지 않았다. 이제 앨런은 조종사 시절의 생각이 잘못 되었다는 걸 알았다. 자신이 틀렸다면 비즈니스에 대해서도 잘못 생각하고 있는 게 아닐까?

앨런은 결국 그날 밤 잠을 이루지 못했다.

행복한 부활

티모시는 일요일 오후에 깨어났다. 의사는 그제서야 무척 안심하는 표정이었다.

화요일 연습 때 그 소식을 들은 아이들은 매우 기뻐했다. 그들은 꼼짝도 않는 티모시가 경기장 밖으로 실려나가는 것을 바라보면서 죽을지도 모른다고 생각했었다. 지금 아이들은 구사일생으로 살아난 티모시를 보며 행복한 부활이라고 생각했다.

"저 뜨거운 열정을 보세요."

낸튼과 스케이팅 연습을 하고 있는 선수들의 모습을 보면서 고어먼이 앨런에게 말했다.

"그렇지만 지나치게 긴장한 저 개인주의자들이, 제멋대로 뛰게 될 토요일에는 또 어떤 일이 일어날지 아무도 몰라요. 아마 또 패배하겠죠."

고어먼이 심기가 불편한 듯 말했다.

"나도 모르겠어요."

앨런이 말했다.

"우리가 저렇게 뜨거운 열정의 방향을 잡아준다면 이길지도 몰라요."

앨런은 낸튼 코치와 즐겁게 스케이트를 타는 선수들을 지켜보았다.

스케이팅 연습이 끝나고 선수들이 휴식을 취하는 동안 고어먼이 규칙과 전통을 다시 설명했다. 얼마 후 앨런이 팀워크 주제를 꺼낼 시간이 되었다.

"지난 주에 티모시가 다쳤어. 그런 일은 언제나 일어날 수 있는 일이란다. 좋은 소식이 있는데 곧 티모시가 퇴원하게 될 거라고 한다. 나쁜 소식도 있다. 아마 금년에는 다시 아이스하키를 하지 못하게 될지도 모른다는구나."

티모시가 곧 돌아오기를 기대하고 있던 아이들은 실망한 표정들이었다.

"우린 티모시에게 빚을 지고 있다."

갑작스런 앨런의 말은 선수들의 정신을 번쩍 들게 했다.

티모시가 쓰러진 건 아이들 모두가 질서정연한 세계를 깨뜨렸기 때문이라고 앨런은 생각했다. 팀원 모두는 그 일에 원인을 제공했다. 그들은 티모시를 위해 뭔가를 할 필요가 있었다.

"좋은 생각 있니?"

아무도 말이 없었다. 앨런은 잠시 말을 멈췄다. 아이들은 발을 이리저리 움직이며 서로 다른 곳을 바라보았다.

"티모시를 위해 우승하는 것은 어떨까?"

앨런이 침묵을 깨며 말했다.

우승이라니! 리버밴드 팀은 이제까지 우승 문턱조차 가본 적도 없었다. 우승컵은 시즌 마지막 10게임 성적을 근거로 하여 상위 4개 팀을 선발하고 그 중 최종 승자에게 수여하도록 되어 있었다. 시즌 초반의 패배는 영향을 미치지 않는 것이다. 그들이 행동을 통일한다면 가능성이 전혀 없는 것은 아니었다.

아이들이 이리저리 움직이던 발을 멈추며 머리를 치켜세웠다. 헐리우드 영화를 많이 본 아이들은 주인공 한 명이 부상

당했을 때 그 팀이 하는 행동이 바로 이런 종류의 것이라는 걸 잘 알고 있었다. 군인들은 죽어가는 하사관을 위해 고지를 점령했다. 카우보이들은 농장 소년의 애완견을 구하기 위해 심한 폭풍우를 헤쳐나갔다. 그리고 경찰 한 명이 살해당하면 FBI와 주립·시립 경찰이 합세해서 그 범죄를 해결했다. 아이들은 자신이 군인이 되고 카우보이가 되고 경찰이 되고 마침내 영웅이 되는 상상으로 빠져들었다.

아이들은 활기를 띠었다. 고어먼과 낸튼 코치는 팀이 얼마나 엉망인지를 잘 알고 있었기 때문에 우승은 생각도 못했다. 앨런 또한 가능성을 높게 잡지는 않았다. 하지만 그는 아이들의 열정에 사로잡혔다. 아이들은 결코 우승을 의심하지 않았다. 각자의 열정은 전체 아이들의 열정이 되었고 더욱 확고해졌다.

리버밴드 팀의 가장 큰 문제는 혼자서 지나치게 많이 뛰려는 개인주의자들의 집단이라는 것이었다. 이제 코치들이 해야 할 일은 함께 뛰어야만 목표를 성취할 수 있다는 점을 아이들이 몸으로 깨닫도록 하는 일이었다. 그들은 행동을 바꿔야 할 것이다. 그러나 새 방식을 취하기 위해 옛 방식을 버리는 일은 어렵다. 강력한 동기가 필요하다.

앨런은 팀을 빙판 위로 이끌고 간 뒤, 두 가지 간단한 동작을 훈련시켰다. 그는 아이들의 의욕을 높이되 너무 어려운 목표를 세우지는 않겠다고 생각했다. 상황이 힘들어지면 어려움도 계속될 것이며, 우승컵을 얻지 못한 선수들은 다시 심판과 나쁜 빙판과 무능한 코치 탓을 하게 될 것이다.

"저 아이들이 어리다는 게 문제야."

앨런은 혼자서 중얼거렸다.

"조금만 더 나이를 먹었더라도 여자 친구를 위해서 그 일을 해내려고 할 텐데."

갑자기 앨런에게 새로운 생각이 떠올랐다. 꼭 자랑하고 싶은 마음이 동기를 부여하는 유일한 방법은 아닌 것이다. 자신이 얼마나 훌륭한 사람인가 인식하든지, 자랑하고 싶은 사람 앞에서 한 약속을 이행하든지, 아니면 실패의 고통에 직면하는 것도 진정한 동기 부여의 요소가 될 수 있다. 진정한 동기 부여는 다른 사람들과의 약속이며 서약이다. 이 아이들에게는 부모가 있고 코치가 있고, 선생님과 친구와 동료가 있다. 이 모든 사람들과 하는 서약은 그들을 뒤로 물러서지 않게 할 것이며 훌륭한 동기 부여 요소가 될 것이다.

앨런은 스케이트 날이 빙판을 스치는 소리에서 오랫동안 잊고 있었던 리듬이 생각났다. 그가 다니던 고등학교 축구 팀 응원 구호였다.

'바로 그거야! 아이들은 응원 구호가 필요했던 거야!'

응원단을 위한 응원 구호가 아니라 아이들이 서로에게, 모든 사람에게 하는 맹세를 노래할 수 있는 구호가 필요했다.

"잠깐 아이들을 봐 주실래요, 낸튼?"

앨런이 벤치로 오면서 부탁했다.

그 사이 앨런은 코치용 칠판을 집어들었다. 그는 5분 뒤에 응원 구호를 완성했다.

"펌 님, 캣 님, 티모시에게 약속하자!

키모, 카이모, 데라, 스탬프스, 우승은 리버밴드의 것!"

"펌 님? 캣 님?"

고어먼이 웃었다.

"응원 구호를 써 봐요."

앨런이 코치들에게 말했다.

"아이들이 연습이나 경기 때마다, 집에서나 학교에서나 이 구호를 외치면 단합하게 된다는 것이 중요해요."

"그건 그래요."

고어먼이 동의했다.

아이들은 원시적인 리듬을 갖고 있는 구호를 좋아했다. 그들은 마치 그 구호에 큰 의미가 있는 것처럼 마음을 담아 외쳤다.

"펌 님, 캣 님, 티모시에게 약속하자
키모, 카이모, 데라, 스탬프스, 우승은 리버랜드의 것!"

그들은 아이스하키 스틱을 중앙으로 모으고 빙판을 두드리며 노래를 했다.

코치들은 모든 연습과 경기를 이 구호로 시작하고 끝내기로 결정했다. 아이들은 구호를 반복할 때마다 많은 사람 앞에서 다짐한 그들의 서약을 상기했다.

토요일 경기를 시작할 때쯤 티모시는 퇴원했다.

"펌 님, 캣 님, 티모시에게 약속하자!"

경기 전 아이들이 빙판 중앙에 서서 구호를 외쳤다. 그들의 사기는 충천해 있었다. 하지만 그들보다 월등한 실력을 지닌 상대인 레이더즈 팀에게 10대 3으로 참패하자 그들은 낙담해서 라커룸으로 갔다. 아이들은 마지못해 기어들어가는 소리로 응원 구호를 외치며 경기를 정리했다.

그들은 응원 구호처럼 하겠다고 했음에도 불구하고 시련에 부딪히자 이내 실망했다. 그들에게 티모시의 자리가 더 크게 느껴졌다. 그러나 막다른 골목은 성공을 굳게 다짐하는 계기가 되기도 한다. 코치들은 전승으로 우승을 한 팀은 없었다고 격려했다. 그러자 아이들의 분위기도 약간 회복됐다. 아이들이 스탠드에서 기다리고 있는 부모들에게 올라가는데 부모들의 우렁찬 응원 구호가 울려 퍼졌다.

"펌 님, 캣 님, 티모시에게 약속하자!

키모, 카이모, 데라, 스탬프스, 우승은 리버밴드의 것!"

그날 밤 앨런은 집으로 오면서 리버밴드 팀에서 얻은 팀 경험과 회사에서 얻은 팀 경험의 차이를 곰곰이 생각해보았다. 리버밴드 팀에게는 티모시가 있었다. 티모시를 위해 승리한다는 목표가 그들에게 영감을 불어넣었다.

우승컵을 손에 쥔다는 것은 전설에 나오는 성배(聖杯)를 얻기 위한 탐험과 같았다. 십자군 원정에 참여하는 기사들에게 성배가 구원의 상징이었던 것처럼, 우승컵은 우승컵을 손에 쥔 사람들에게 구원을 가져올 것이다.

리버밴드 팀은 그들의 구호를 듣는 모든 사람들에게 우승하겠다는 서약을 했다. 회사에서 앨런의 팀도 몇 가지 공동 목표를 가지고 있었다. 하지만 그건 그들의 목표가 아니라 관리자가 정한 것이었다. 앨런에게도 하지 않고는 견딜 수 없을 정도의 중요한 목표가 아니었던 것이다. 그런데 리버밴드 팀은 달랐다. 앨런이 우승컵을 제안했을지 모르지만 아이들은 그것을 자신의 목표로 삼았다.

앨런은 차고에 자동차를 주차한 뒤 그의 생각을 정리했다. 리버밴드 팀과 팀원들, 그리고 자기 자신 사이에 뭔가 다른 게 있었지만 그게 뭔지 정확히는 알 수 없었다. 다음날 저녁 고어먼이 목요일 연습 계획을 의논하느라 전화할 때까지 모호한 불안감은 그대로 남아 있었다.

"낸튼도 그게 좋다고 하더군요. 당신은 어떠세요?"

고어먼이 계획을 대략 설명하면서 물었다.

"나도 괜찮아요."

앨런이 말했다.

"그거 잘 됐군요. 아이들이 우승컵에 대한 도전을 포기하지만 않는다면 시간은 아직 충분히 남아 있습니다."

앨런은 고어먼이 왜 전화를 했을까 하고 의아하게 생각했다. 전에는 전화를 해본 적도 없었고, 이번 연습 계획도 앨런은 이미 알고 있었다. 자신이 뭔가를 깨닫지 못하고 있다는 전날 저녁에 느꼈던 불안감이 다시 그를 사로잡았다.

그는 잠자리에 들기 전에 전등을 끄면서 해답을 찾았다. 그 것은 너무나 명백했다.

"아하!"

앨런의 얼굴에 미소가 번졌다.

앨런은 또 다른 한 팀의 일원이 된 것이다. 전체적으로는 리버밴드 전사 팀, 작게는 코치 팀의 일원이 되었다. 고어먼, 낸튼, 앨런은 한 팀이었다. 그리고 코치들 역시 아이들처럼 찾아야 할 성배가 있었다. 아이들에게는 가치와 공정한 플레이, 규율, 그리고 팀워크를 가르쳐야 했다. 더 나아가 코치들도 서약을 했다. 그들은 응원 구호를 써서 아이들에게 주었고, 이것은 우승컵이라는 목표를 실현 가능한 것으로 만들어 놓았다. 아이들이 구호를 외칠 때마다 서로의 약속이 마음 속 깊이 새겨졌다.

회사에서 해고된 이후 좋든 싫든 앨런은 다시 팀원이 되었다. 그러나 이제 고어먼과 낸튼의 도움 없이, 앨런 혼자서는 수많은 기술을 갖출 수 없다는 것이 예전과는 달랐다. 고어먼과 낸튼 또한 앨런을 필요로 했다. 아이들이 팀워크를 실천할 수 있도록 만든 것은 앨런이었다. 앨런이 없으면 곧 이 모든 것이 사라져버리고 고어먼, 낸튼 그리고 아이들은 예전의 안이한 상태로 돌아가 버릴 것이다. 앨런은 이제 명백한 팀원으로 자리잡았다.

앨런은 새로운 깨달음에도 불구하고 그가 아직도 이해하지 못한 부분이 있다는 걸 느꼈다. 그의 생애에서 처음으로 혼자서는 아무리 열심히 일해도 결과물을 낼 수 없는 상황에 부딪쳤다. 사실 앨런은 다음에 무엇을 해야 할지 전혀 모르고 있었다.

수요일 아침 그는 아내와 자신의 문제를 논의했다.

"앨런, 당신을 도울 수 있으면 좋겠는데 팀 구축이나 팀이 어떻게 활동하는지에 대해서는 전혀 모르니……. 웨더바이 선생님이 계시지 않는 게 유감이에요. 웨더바이 선생님이 맡은 팀은 여고 농구에서 우승을 가장 많이 했었거든요. 그분이라면 방법을 아실 텐데. 하지만 그분이 5년 전엔가 10년 전에 돌아가셨다는 얘기를 들었어요. 정말 멋지고 환상적인 코치셨는데."

아내가 말했다.

"그랬지."

홀쭉하며 키가 크고, 엄격한 눈빛을 지닌 영어 선생님을 생각하며 앨런이 공감을 표시했다. 그녀는 셰익스피어를 가르치는 것보다 농구 팀을 훨씬 잘 지도했었다.

"웨더바이 선생님은 우리가 졸업할 때 은퇴할 나이셨어, 수잔. 그분이 살아계시다면 적어도 80세는 되셨을 거야."

성공을 다짐하며 하이파이브를 외치다

웨더바이는 사실 85세였다.

앨런은 교원협회에 전화를 해서 그녀가 살아있다는 걸 알았고, 주소도 얻었다.

앨런은 웨더바이를 만나러 가면서 생각에 잠겼다. 5학년 아이스하키 팀은 여고 농구 팀과는 매우 달랐다. 게다가 그녀가 가르쳤던 것이 오늘날에도 여전히 효과가 있을지 의문이었다. 그녀가 마지막으로 우승했던 것은 20년 전이었다.

앨런은 웨더바이가 살고 있는 파크매너홈에 도착했다. 그곳은 갑부들이 사는 곳이라고 알고 있었다. 그래서 앨런은 웨더바이 선생이 부자이거나, 보상금을 많이 주는 보험에 들었을 거라고 생각했다. 그러나 웨더바이의 집으로 들어서자마자 그곳이 사회복지 기관이라는 것을 한눈에 알 수 있었다.

웨더바이는 몸을 약간 앞으로 굽힌 채 앉아 있었다. 지팡이를 두 발 사이 바닥에 단단하게 박고 있었고, 지팡이 위에는 관절염을 앓고 있는 앙상한 두 손이 놓여 있었다. 앨런의 발자국 소리를 듣자 그녀는 고개를 들어 약간 곁눈으로 그를 바라보았다. 앨런을 알아본 듯 얼굴에 환한 미소가 번졌다. 웨더바이 선생님만이 띨 수 있는 미소였다. 예전에도 아름다웠지만 나이가 그녀의 아름다움을 더한 것 같았다.

"이런!"

그녀가 놀란 표정을 지으며 말했다.

"내가 아는 꼬마아이 앨런이 맞다면, 작문 숙제를 가져왔나 보군?"

앨런은 웨더바이가 자기를 알아보는 걸 보고 아직은 정신이 또렷하구나 하고 생각했다. 그러나 기쁨은 순식간에 절망으로 변했다. 작문이라고? 제 정신이 아닌 게 틀림없어. 분명히 과거 속에 살고 계신 거야.

"내 기억이 맞다면 제목이 '햄릿과 리어왕 : 두 비극의 주인공을 비교하라'였던 것 같은데."

웨더바이가 말했다.

그 말을 듣는 순간 앨런은 귀와 얼굴이 갑자기 빨개졌다. 웨더바이 선생님과의 기억이 떠올랐던 것이다. 마지막 학년, 마지막 달, 마지막 주였다. 작문 숙제 하나를 빼고는 모두 졸업 전에 끝낼 수 있었다. 그런데 작문을 쓸 시간이 없었다.

"네가 모든 과목을 이수한 걸로 해서 점수를 주었단다."

웨더바이 선생님은 너그러운 얼굴로 얘기했었다.

앨런은 더듬거리며 감사를 표시했고, 영어 수업이 너무 좋았었다고 입에 발린 소리를 했었다.

"난 네가 영문학 수업을 그렇게 좋아하는지 몰랐었단다. 넌 언젠가는 자발적으로 작문을 써서 제출하고 싶어질 거야."

웨더바이 선생이 말을 막으며 말했었다.

그때 앨런은 선생님에게 보기 좋게 한방 얻어 맞았다고 생각하면서 교실을 도망쳐 나왔었다. 그게 웨더바이 선생을 보았던 마지막 순간이었다. 그녀는 아직도 그것을 기억하고 있었고, 앨런은 까맣게 잊고 있었던 것이다.

"기억력이 아주 좋으시군요."

그녀 맞은편에 앉으면서 앨런이 말했다.

"나이가 들면 남는 거라곤 추억뿐일 때가 있지. 추억이 얼마나 소중한지 자네도 곧 알게 될 거야."

웨더바이 선생이 멍하니 창 밖을 내다보며 앉아 있는 몇몇 노인에게 손을 흔들며 말했다.

"추억마저 잊어버리면 저렇게 된단다."

"남편 잭이 망령기가 들면서 우린 여기로 왔지. 이게 우리가 함께 있을 수 있는 유일한 길이거든."

웨더바이 선생이 부드럽게 말했다.

"저기 끝에 있는 사람이 잭이야."

"결혼하신 줄은 몰랐어요."

놀란 표정을 지으면서 앨런이 말했다.

"모르는 것도 당연하지. 집에서는 잭 가우 부인이었고, 학교에서는 웨더바이 양으로 지냈으니까. 교장 선생님을 비롯해 모두가 나를 웨더바이라고 불렀지. 선생님이라고 부르지 않고 그저 웨더바이라고 말이야. 난 그게 좋았어. 그런데 여기서 뭘 하고 있는 건가? 채점할 작문을 가지고 온 것은 아닐 테고. 무슨 이유가 있어 왔겠지?"

앨런은 20분 동안 이유를 설명했다. 이따금 웨더바이가 중간에 질문을 하곤 했지만 의견이나 충고를 하지는 않았다. 애기가 끝나고 두 사람은 잠시 말없이 있었다.

"팀이란 놀라운 거지, 앨런. 혼자서는 이룰 수 없는 것을 성취할 수 있게 해주거든. 우리를 겸손하게 만들면서 말이야."

마침내 웨더바이가 말을 시작했다.

"나는 농구 코치를 하면서 팀이야말로 하느님이 우리에게 축복을 내리는 방식이라고 믿어왔어. 내가 진짜로 존재한다는 것, 내가 가치있는 존재라는 것을 느끼게 해주었거든."

그녀는 잠시 침묵을 지키다가 다시 말했다.

"사람들이 함께 일하는 팀은 단순히 여럿을 모아 놓은 것 이상의 존재라는 걸 이해할 필요가 있어. 군중과 팀은 분명히 다르거든."

"자세히 설명해주실 수 있으세요?"

복잡해진 앨런의 얼굴이 굳어졌다.

"설명해달라고? 나도 잘 몰라. 하지만 여기 그것을 아는 방법이 있지. 자기 욕심을 버리고 사람들 사이의 연결 통로를 깨닫는 순간 다른 사람들을 먼저 생각하게 돼. 그런 일이 일어나면 갑자기 자신이 변하게 되지. 무기력한 개인에서 훨씬 더 강하고 생산적이고 성공적인 사람으로 변하는 거야. 그걸 한마디로 표현할 수 있어?"

그리고 나서 웨더바이는 앨런의 삶을 완전히 바꾸어놓게 될 말을 했다.

"우리 모두를 합친 것보다 현명한 사람은 아무도 없다(None of us is as smart as all of us)는 거야."

앨런은 그녀에게서 성공에 대한 열쇠를 받았다는 걸 어렴풋이 느꼈다.

"그건 팀만이 누릴 수 있는 거야, 앨런. 우리 모두의 힘에 대한 진정한 이해가 필요해. 팀 경험은 사람을 겸손하게 만든다고 말한 거 기억나나? 우리 모두를 합친 것보다 현명한 개인은 아무도 없다는 것을 일단 받아들이고 나면 자신의 욕구와 긍지, 일정을 억제하고 팀의 욕구와 긍지, 그리고 팀의 일정을 먼저 고려하기 시작하지."

"선생님, 우리가 그런 팀을 만들어갈 수 있게 도와주실 수 있으세요?"

앨런이 물었다.

"난 죽을 날만 기다리는 늙은 할망구에 불과해, 앨런."

웨더바이는 사랑과 애정어린 눈빛으로 저쪽편에 앉아 있는 남편을 바라보면서 말했다.

"남편이 죽으면 나도 죽을 준비를 해야지."

그녀가 차분한 목소리로 말했다.

"하지만 앨런, 나는 죽기 전에 한 번 더 우승에 도전해보기로 지금 막 결심했네!"

앨런을 향해서 환한 미소를 띠며 그녀가 말했다. 그녀는 오른손을 지팡이에서 떼며 위로 치켜들었다. 그녀는 손가락을 펴면서 앨런에게 하이파이브 사인을 보냈다.

"좋아요!"

앨런은 오른손을 그녀의 손과 마주치면서 솟아오르는 열정을 느꼈다.

마음이 급한 앨런은 웨더바이에게 응원 구호에 대해 자세히 얘기했다. 그녀는 느리지만 또렷하게 앨런과 함께 구호를 외쳤다.

"펌 님, 캣 님, 티모시에게 약속하자!

키모, 카이모, 데라, 스탬프스, 우승은 리버밴드의 것!"

"내가 새로운 뒷구절을 제안해도 될까?"

구호를 끝내고 나서 웨더바이가 말했다.

"물론이죠."

앨런이 흔쾌히 동의했다.

"웨어라 테어라, 타니 글림, 리버밴드는 하이파이브 팀."

"하이파이브 팀! 마음에 드는군요."

앨런이 말했다. 그는 다시 오른손을 들고 하이파이브 인사를 하면서 그녀의 손과 맞장구를 쳤다.

"좋아."

웨더바이가 말했다.

"자네가 졸업한 뒤에 우리 학교 응원 구호 끝에도 이 두 줄을 덧붙였지. 손이 서로 마주치는 순간 서로에게서 에너지를 받는 거야. 혼자서는 하이파이브를 할 수 없어. 적어도 두 사람 이상으로 구성된 팀이 필요하거든. 그래야 소리가 나니까 말이야. 그건 마법이야. 난 하이파이브란 완벽하게 기능을 수행하고 훌륭한 결과를 내는 위대한 팀을 상징한다고 생각해왔지."

"괜찮은 말인데요."

앨런이 말했다. 누구랄 것도 없이 그들은 동시에 구호를 외치기 시작했다.

3

리버밴드 팀의 비밀 병기

동기 부여가 되면 팀은 강해진다

다음 날 오후 앨런이 차를 문 앞에 세우자 웨더바이 선생이 반갑게 걸어나왔다. 앨런은 재빨리 돌아가 차 문을 열었다.

"앨런, 내가 운전할 테니 자네는 편히 가라구."

웨더바이가 젊은 시절의 선생님 목소리를 흉내내서 말했다.

"가끔 운전하시나 보죠?"

앨런이 물었다.

"여러 해 동안 운전대를 잡아본 적이 없어."

"면허증은요?"

앨런이 걱정스러운 듯이 물었다.

"내 시력으로? 농담 한 번 해봤는데 정말로 믿었나? 내 면허증은 이미 몇 년 전에 회수해갔거든."

웨더바이가 웃으면서 말했다.

"자네 아이스하키 팀이나 보러 가자구."

안전 벨트를 매면서 그녀는 앨런에게 밝은 미소를 보냈다. 너무나 밝은 미소여서 앨런도 웃지 않을 수 없었다.

"팀원들과 뭔가를 해본 지도 꽤 오래 됐어. 다른 코치들에게는 내가 고집이 세다는 걸 미리 알려 두었겠지?"

연습장으로 차를 몰고 갈 때 그녀가 말했다.

"선생님이 오신다고 하자 코치들이 무척 기뻐했습니다. 우린 도움이 필요해요. 우리들 중 아무도 선생님만큼 팀에 대해서는 모르거든요."

"글쎄, 내가 많은 팀을 맡았던 것은 확실하지. 내가 가르치던 때에는 토요일마다 잭과 함께 일을 했었어. 처음엔 잭이 사업을 일으키는 걸 돕고, 나중에 그 사업이 성공해서 사업 운영을 도왔지. 센트럴 캐스팅스라고 들어봤을지도 모르겠군."

"미안하지만 못 들어봤는데요."

"못 들어봤다고? 괜찮아. 그건 중요하지 않으니까. 나는 은퇴 후에 거기서 3년 동안 일했어. 내가 판매 팀, 생산 팀, 그 외에도 그곳에 있는 모든 팀들을 보았다는 게 중요해. 학교에서는 스포츠 팀, 강의 팀, 그리고 특정 문제들을 해결하기 위한 추진 팀들이 있었지. 좋은 팀과 성공하는 팀은 모두 네 가지 공통점을 갖고 있어. 하이파이브 팀을 위해서는 그 네 가지가 필요해. 웨어라, 테어라, 타니 글림!"

웨더바이는 노래하듯 응원구호를 외치고는 웃음을 터뜨렸다.

"오늘밤 저녁은 뭘 드셨어요? 마법의 영약을 드셨나 봐요. 몹시 열정적이세요."

앨런이 물었다. 앨런은 무엇보다도 성공하는 팀의 특징이 무엇인지 알고 싶었지만, 먼저 웨더바이의 열정에 대해 얘기하지 않을 수 없었다. 머리는 높이 치켜세우고 등도 곧게 폈으며, 얼굴에는 활기가 넘치고 심지어 관절염을 앓고 있는 손도 더 나아진 것 같았다.

"자네가 마법의 영약이지. 적어도 자네의 아이스하키 팀이 말이야. 저런 집에 산다는 게 어떤 건지 알아? 물론 모르겠지. 다른 사람들을 도와주고 다른 사람들에게 베풀면서 살아오다가, 줄 게 아무것도 없다는 생각이 들면 지옥이 따로 없어. 바로 그때 누군가가 와서 도움이 필요하다고 하면 그건 굉장한 선물이거든."

"저도 그래서 이 일에 참여하게 됐어요. 선생님께 말씀드

렸듯이 전 해고를 당했거든요. 그런데 고어먼이 내가 필요하다고 하더군요. 아이스하키 팀 코치건 라커룸에 새로운 샤워 시설을 설치하는 일이건 내겐 중요하지 않았어요."

앨런이 말했다.

"그게 성공하는 팀이 되는 네 가지 열쇠 중 하나지."

웨더바이가 말했다.

"라커룸 샤워 시설이요?"

앨런이 농담을 했다.

"잘 들어봐. 목적 의식과 가치와 목표의 공유. 이게 팀 성공의 첫 번째 열쇠야. 가치와 목표를 공유할 뿐만 아니라 사람들을 열정적으로 만들어줄 명분을 가지고 있지 않다면 훌륭한 팀이 될 수 없어. 하지만 자넨 이미 알고 있어. 단지 승리만을 바라며 멋만 부리는 팀과 부상당한 팀 동료를 위해 우승을 하기로 결심한 팀의 차이를 자넨 알고 있는 거지. 팀이 강력해지려면 팀 헌장을 가져야 해."

"그게 뭔데요?"

앨런이 물었다.

"팀 헌장이란 팀이 무엇을 성취하려 하는지, 그 목표가 왜 중요한지, 그리고 결과를 성취하기 위해 팀이 어떻게 함께 행

목적 의식과 가치와 목표를 공유하라

"목적 의식과 가치와 목표의 공유, 이게 팀 성공의 첫 번째 열쇠야.
가치와 목표를 공유할 뿐만 아니라 사람들을 열정적으로 만들어줄
명분을 가지고 있지 않다면 훌륭한 팀이 될 수 없어."

동해야 하는지 분명하게 서술한 합의서야. 사실 자네의 응원 구호도 팀 헌장의 일부분이라고 볼 수 있지."

웨더바이가 앨런을 대견스러워하며 말했다.

"전 그것을 하나의 서약으로 생각했습니다. 그리고 우리가 존재하는 목적은 우승컵을 차지하는 거라고 생각했지요."

앨런이 말했다.

"좋은 용어군. 하지만 뭐라고 부르든 상관없어. 중요한 건 사람들이 강력한 목적을 가지고 공동의 가치를 공유하는 거니까. 그렇게 되면 사람들은 기꺼이 자신을 버리게 되지. 사람들이 자신의 이익보다 집단의 이익을 먼저 생각하게 하려면 강력한 동기가 있어야 해. 더욱 놀라운 일은 자신을 앞세웠을 때보다 집단을 먼저 생각하게 될 때 자신의 욕구가 더 잘 충족된다는 거야."

웨더바이는 조용해졌다. 앨런은 그녀가 말한 것을 곰곰이 생각하며 차를 몰았다. 그는 목적의 중요성과 우승컵의 중요성을 분명히 이해하게 되었다. 그것은 확실히 리버밴드 전사들에게 효과가 있는 것 같았다.

그러나 '우리 모두를 합친 것보다 현명한 사람은 아무도 없다'라는 웨더바이의 말뜻이 쉽게 받아들여지지 않았다. 그는 마지막으로 있던 회사에서 아홉 명과 함께 일했다. 그는 자신이 다른 사람 아홉을 합친 것보다 더 현명하다고 생각했다. 혼자서 그렇게 중얼거릴 때 작은 목소리가 들려 왔다.

'자네가 그렇게 현명하다면 어째서 다른 사람들은 그대로 직장에 남아 있고 자네만 쫓겨난 거지?'

앨런이 그 목소리에 반박하려는 순간 그녀가 숨을 헐떡이는 것 같은 이상한 소리를 냈다. 깜짝 놀라서 앨런은 브레이크를 밟았다. 틀림없이 그녀의 자리에서 나는 소리였다. 이런, 코를 고는 소리였다니! 깊고 크게, 그리고 편안하게 코를 고는 소리였다. 앨런은 크게 웃고는 다시 차를 몰았다.

"도착했어?"

앨런이 차를 주차할 때 그녀가 물었다. 바퀴가 자갈길을 지나가는 소리 때문에 깬 것 같았다.

"도착했어요. 잠이 드셨더군요."

앨런이 말했다.

"차 안에서는 늘 그래. 자, 아이스하키 팀을 보러 가자구."

웨더바이가 문을 열면서 아무 일도 없었다는 듯이 말했다.

예상치 못한 변화

웨더바이 선생을 고어먼과 낸튼에게 소개하려 하는 순간 라커룸과 빙판을 잇는 출입구에서 스케이트 부딪히는 소리가 크게 났다. 아이들이 도착했다는 것을 알려주는 소리였는데 응원 구호도 함께 천둥처럼 울리고 있었다. 응원 구호가 좁은 공간에서 메아리치면서 어린 아이들의 목소리가 마치 군대의 함성소리처럼 들렸다.

아이들은 늘 그랬듯이 스케이트를 탔다. 처음에는 시계 방향으로, 다음에는 반대 방향으로 타면서 몸을 유연하게 하는 연습을 했다. 웨더바이와 코치들은 벤치에 앉아 있었다.

코치들이 웨더바이 선생을 소개하자 아이들 사이에서 실망의 소리가 터져 나왔다. 웨더바이 선생은 너무 늙었던 것이다! 설상가상으로 여자였다. 그들은 적대적이지는 않았지만 냉소적이었다.

웨더바이가 그들을 두 팀으로 나누어 10분 동안 뛰게 한 뒤에 아이들의 생각은 약간 바뀌었다.

"어디 누가 제대로 하는지 보자."

그녀는 크고 우렁찬 목소리로 외쳤다.

"아는 게 많으신 할머니 같아."

팀원 중 하나가 다른 아이들이 들을 수 있을 만큼 크게, 그리고 순수한 존경심에서 말을 했다. 아이들 사이에는 조건부로 그녀를 수용한다는 분위기가 흘렀다.

"선수들을 똑같이 나누는 데는 어려움이 있습니다."

첫 연습 경기를 위해 아이들이 열을 지어 섰을 때 고어먼 코치가 웨더바이에게 말했다.

"제드 부드는 우리 팀에서 가장 뛰어난 선수입니다. 스케이트를 능숙하게 타고 스틱을 자유자재로 다루며 슛을 제대로 할 수 있는 유일한 아이죠. 어느 쪽이든 제드가 있는 팀이 이기게 돼 있어요."

"22번 선수겠군. 그 애가 다른 애들보다 스케이트를 잘 타는 걸 단번에 알겠더군."

웨더바이는 경기가 잘 보이는 자리로 옮기며 말했다.

고어먼 코치의 예측은 정확했다. 제드 팀이 4대 0으로 이겼다. 4골 모두 제드가 넣었다.

"어떻게 생각하십니까?"

아이들이 연습을 끝내고 라커룸으로 갈 때 고어먼 코치가 물었다.

"비뚤어진 아이는 병원에나 보내야지."

웨더바이의 퉁명스런 평가였다.

"경기에서 이기려면 제드를 잠시 빼야 할 거야."

고어먼과 낸튼은 충격을 받고 아무 말도 하지 못했다. 앨런도 마찬가지였지만 이유는 완전히 달랐다. 이제까지 앨런은 자신과 제드를 연결시켜 생각한 적이 없었다. 그런데 제드의 행동이 자신이 회사에서 했던 행동과 비슷하다는 느낌을 받은 것이다.

"하지만 그 애는 우리에겐 최고의 선수입니다."

고어먼 코치가 항변했다.

"그 애는 탁월해요. 제드가 없으면 우린 침몰하게 돼 있어요."

낸튼 코치도 흥분한 듯 말했다.

"하지만 그 애는 퍽을 제멋대로 독점해요. 팀 스포츠에서는 한 선수의 독주만으로는 이길 수 없다는 걸 웨더바이 선생님께서 지적하시는 거예요."

앨런이 그들의 의견에 반대했다.

"꼭 그렇지는 않아, 앨런. 다른 선수들보다 훨씬 탁월한 선수가 있어도 괜찮아. 스타 선수도 가질 수 있는 거구. 하지만 팀보다 자신을 돋보이게 하려는 목표를 가진 스타는 문제가 있지. 앨런, 자네는 그 선수를 '퍽을 제멋대로 독점하는 사람'이라고 부르고 있구만. 농구에서는 '공에 붙어 있는 사람'이라고 얘기하지. 그들은 공이 손에 닿기만 하면 어떻게 혼자서 멋지게 골을 넣을까만 생각하거든."

웨더바이가 말했다.

"대부분의 골은 제드 혼자서 넣습니다."

고어먼 코치가 확고하게 지적했다.

"그 애가 없으면 곤란해질 거야. 하지만 6년 연속 리그 최하위가 되는 것보다 더한 곤란이 어디 있지? 여러분은 벌써 큰 곤란에 빠져 있어."

웨더바이는 여유있게 말했다. 그 질문은 더 이상의 반박을 잠재웠다. 웨더바이가 옳았다. 그보다 더 나쁠 수는 없었다.

"우린 계속해서 제드와 함께 뛸 것이고, 그를 팀원으로 만들 수 있을 거야. 하지만 지금처럼 제드가 저 자리에 있는 한, 다른 아이들은 전적으로 그에게 양보해버리지. 아이들은 그에게 작전을 고수하라고 요구하지도 않을 거야. 제드가 그들에게 퍽을 패스해 줄 때보다 그가 혼자서 퍽을 다룰 때 골을 넣을 확률이 더 많다는 걸 알기 때문이지. 그가 패스하려고 하면 아이들은 긴장해버리지. 결국 그는 지금처럼 자기가 뛰던 방식으로 돌아가 버리게 되는 거야."

웨더바이가 말했다.

웨더바이는 회사 사장이 자신에게 했던 말처럼 팀 전체의 경기력을 떨어트려버리는 제드의 문제점을 정확하게 꼬집어 내고 있었던 것이다.

"제가 보기엔 어차피 어려움은 마찬가지인 것 같습니다."

낸튼 코치가 말했다.

"제드가 혼자 퍽을 독점하며 뛰어도 우린 경기에서 패하고, 그가 팀 플레이어가 되려 해도 다른 아이들이 긴장하여 결과적으로 예전처럼 혼자 퍽을 독점하게 될 거니까 우린 패하게 되지요. 우린 침몰할 수밖에 없겠군요."

"그렇지 않아. 당신은 아이들이 지금 실패하고 있기 때문에 나중에도 실패할 거라고 생각하고 있는 거야. 제드를 빼야 해. 그러면 이 아이들은 정말로 자신의 기술로 뛸 수 있는 기회를 갖게 될 거야."

웨더바이가 대답했다.

"지금 당장은 그들에게 기술을 가르칠 수 있어. 하지만 아이들은 그게 실제 경기에는 도움을 주지 못한다는 걸 알고 있지. 시합날이 되면 제드가 도맡아 뛰게 되고 아이들은 연습 때 배웠던 것을 시도해 볼 기회가 전혀 없을 테니까. 아이들은 제드가 경기장에 없다 하더라도 배운 것을 시도하려 하지 않을 거야. 코치들이 제드를 다시 투입할 때까지 아이들은 시간이나 보내고 있을 거야."

고어먼과 낸튼은 엷은 미소를 띠면서 서로를 바라보았다. 얼마 전 그들도 이 점에 대해 얘기했었다. 그러나 해결책은 웨더바이와는 달리 제드를 경기장에서 빼는 게 아니었다. 오히려 어떻게 하면 그를 경기장에서 더 많이 뛰게 할까만을 궁리했다.

"영원히 제드를 뺄 필요는 없어. 다만 다른 아이들에게 기회를 줄 수 있는 기간만큼만 다른 데로 보낼 필요가 있다는 거야. 운이 좋으면 제드가 돌아올 때쯤 아이들도 자신감을 얻게 될 것이고 제드도 아이들이 뛰는 새로운 방식에 적응할 수 있을 거야."

웨더바이가 말했다.

"그런데 어떻게 제드에게 그런 얘기를 하죠?"

고어먼이 물었다.

"그건 자네 몫이지. 난 여기서 자문을 해주고 있을 뿐이야. 관리를 하는 건 자네 아닌가? 난 내가 가르치던 농구 팀의 프리마돈나들을 교내 경기에서 제외시킬 때는 할리우드 관광을 가라고 4～6주 간의 휴가를 주었어. 휴가는 그들이 보여준 기술에 대한 나의 인정을 뜻하는 것이기도 했지. 하지만 여러분들이 어떻게 해야 할지는 모르겠군."

웨더바이가 즐겁다는 듯이 말했다.

"좋습니다. 생각해보겠어요. 그밖에 다른 것은요?"

고어먼이 신중하게 말했다.

"이곳으로 오는 동안 나는 앨런에게 훌륭한 팀들은 모두 네 가지 특징을 공통적으로 가지고 있다고 얘기했지. 첫째로, 훌륭한 팀은 명확한 목적 의식을 가지고 있네. 서약이나 팀 선언문을 통해 공식적으로 표명되고 공유된 가치와 분명한 목표도 가지고 있지. 여러분 또한 목적을 가지고 있어. 티모시를 위해 우승한다는 것 말이야. 응원 구호는 약속을 공식화하는 데 결정적인 기여를 하고 있어. 아이스하키 전통과 공정한 플레이는 아이들이 알아야 할 가치들이지. 여러분은 아주 좋은 상태에 있다고 생각해. 잠시 제드를 제쳐두면 개개의 선수에게 맞는 목표를 설정할 수 있을 것이네. 다시 말해 목적과 가치와 목표의 공유야말로 성공하는 팀의 첫 번째 장점이지."

웨더바이는 여기서 말을 멈췄다.

"그러면 이제 우리는 무엇을 해야 하죠?"

낸튼이 그녀에게 말을 걸었다.

"기술이지. 고난도 기술 개발. 그게 훌륭한 팀의 두 번째 특징이야. 여러분은 선수들에게 기술을 가르쳐야 하고 자유롭게 풀어줘야 해. 선수들이 마음껏 뛸 수 있도록 격려하지 않으면서 훌륭한 기술을 습득하길 기대한다면 어불성설이지. 하이파이브 팀으로서 뛰게 하려면 선수들이 스스로 갖고 있는 모든 기술을 활용할 수 있도록 해야 해. 여러분은 최대한의 노력을 기울이며 밀어붙여야 해. 이 점에서는 과감해져야 한다구."

웨더바이는 잠시 숨을 돌리고 말을 이었다.

"기술은 기초가 되는 거야. 뛰는 방법을 모르는 팀은 제대로 경기를 수행해낼 수 없어. 지금 단계에서 여러분은 개인 기술부터 가르쳐야 해. 기본기도 필요하지만 그것만으로는 불충분하지. 매달, 매주, 매일 선수들 개개인의 기술을 향상시키기 위한 계획이 필요해. 그러자면 코치들이 어떤 방식으로든 아이들의 기술 수준을 판단하고 비교할 수 있어야 하네. 농구에서는 반칙을 하면서도 골을 넣는 기술이 있는데 그것을 파악하는 건 쉬워. 반면에 다른 기술들은 파악하기가 쉽지 않지. 그럴 경우 나는 사용된 기술에 대해 예의주시하며 평가하고 등급을 매기곤 했어. 때로는 점수나 번호를 부여하고, 때로는 그들이 어떻게 행동하고 있었는지 얘기해주곤 했지. 중요한 건 팀 리더들이 개선 사항을 판단하고 피드백을 해줄 필요가 있다는 거야."

코치들은 존경하는 눈빛으로 웨더바이의 말을 들었다. 그녀는 확고하고 명료하게 얘기했다.

"그러면 우린 어떻게 해야 합니까?"

고어먼이 물었다.

"기술부터 시작하지."

웨더바이가 말했다.

고난도 기술을 개발하라

"고난도 기술 개발. 그게 훌륭한 팀의 두 번째 특징이야.
기술을 가르쳐야 하고 자유롭게 풀어줘야 해. 선수들이 마음껏 뛰도록
격려하면서 선수들 자신이 갖고 있는 기술을 활용하도록 해야 돼."

"그렇게 걱정스런 표정을 짓지 말게. 난 지금까지 85년을 살아왔어. 아이스하키 시즌이 끝나기 전에는 죽지 않을 거야. 다음 단계에 이르면 무엇을 해야 할지는 때가 되면 얘기해 줄게. 먼저 여러분은 제드를 잊어버려야 해. 그리고 나서 우린 기술을 연습하게 될 거야. 자, 이제 집에 가야 할 시간이 됐어."

지팡이 끝으로 앨런을 가리키면서 웨더바이가 말했다.

"당신은 웨더바이 선생님을 모셔다 드리세요."

고어먼이 앨런에게 말했다.

"선생님과 함께 하게 된 게 정말 영광입니다. 다음 만날 때가 기다려지는군요."

고어먼이 웨더바이를 향해서 말했다.

자동차가 움직이기 시작하자 웨더바이는 다시 잠들었다. 앨런은 제드를 빼는 일이 걱정이었다. 자신이 해고되었을 때 느꼈던 감정이 되살아났다. 아직 어린아이에 불과한 제드가 그런 경험을 해야 한다는 것이 안쓰러웠다.

그가 웨더바이 선생을 모셔다 드리는 동안 고어먼과 낸튼은 제드의 아버지를 만나고 있었다.

"결단을 내려야겠어요. 제드는 이제 운동도 못 하고, 영화도 못 보고, 텔레비전도 못 봅니다."

제드의 아버지가 흥분하면서 코치들에게 말했다.

"미안합니다. 제드가 팀에 중요한 건 저도 압니다. 하지만 학교 성적표가 처음 나왔을 때 난 경고했어요. 이번에 성적이 더 나아지지 않으면 아이스하키를 그만두고 공부를 해야 한다고 말입니다. 앞으로 아들놈이 열심히 공부해서 중간고사 후에 성적이 나아진다면 다시 아이스하키 팀으로 돌아올 수 있을 겁니다. 너무 속상해 하지 말아주셨으면 합니다."

코치들은 짐짓 충격을 받은 표정을 지었다.

"물론 우리에겐 제드가 반드시 필요합니다. 그는 훌륭한 선수니까요."

낸튼이 먼저 입을 열었다.

"곧 돌아올 수 있으면 좋겠군요."

고어먼이 한마디 덧붙였다.

"꼭 그렇게 될 겁니다. 제드는 착한 아이예요. 이따금 공부에 집중하지 못해서 그렇지. 그애에게는 이번 일이 좋은 각성제가 될 거라고 믿습니다."

아이들이 라커룸에서 나오기 시작하자 제드의 아버지가 서둘러 말했다.

"괜찮습니다. 학교 공부가 우선이니까요."

염려말라는 듯이 고어먼이 말했다.

"와!"

제드의 아버지가 모퉁이를 돌아 나가는 순간 고어먼의 표정은 환한 웃음으로 변했다.

"환상적이군."

이번에는 낸튼의 얼굴이 환해지면서 속삭였다. 그들은 하이파이브를 하는 것처럼 손바닥을 마주쳤다. 기분좋게 찰싹 소리가 났다.

자유롭게 스스로를 통제하게 되다

"좋아, 제군들. 잘 들어라."

아이들이 준비운동을 끝마치자 고어먼 코치가 활기찬 목소리로 발표했다. 그날은 시합날인 토요일이었고, 낸튼 코치는 토요일 아침 서둘러 한 시간의 특별 훈련을 소집했다. 다행히도 제드와 티모시를 제외하곤 모두 나타났다.

"문제가 생겼다. 우린 훌륭한 두 명의 선수 티모시와 제드를 잃었다."

빙판에서 스틱들이 딸각거리는 소리가 났다. 팀원들도 인정한다는 표시였다.

"그렇지만 우리에게는 할 일이 있다. 제군들."

고어먼 코치가 활기를 북돋웠다.

"비록 우리는 훌륭한 친구 둘을 잃었지만 티모시를 위해 우승컵을 차지할 것이다."

우승컵을 차지한다고? 제드도 없이? 선수들은 코치가 제정신인가 의아해하며 그를 바라보았다.

"우리에겐 비밀 병기가 있다. 바로 웨더바이 선생님이다! 웨더바이 선생님은 우리 주(州) 역사상 어느 코치보다도 더 많은 우승을 차지하셨던 분이다."

코치는 의도적으로 소년 아이스하키 팀이 아니라 여자 농구 팀에서 우승한 거라는 사실을 빼고 얘기했다.

그 순간 웨더바이가 나타났다. 그녀는 빙판에서 넘어지지 않도록 네모난 알루미늄 보조기를 꽉 쥐고 천천히 조심스럽게 걸었다. 앨런은 그녀의 자존심을 생각해서 스스로 걷게 놔두었다. 웨더바이는 천천히 고어먼 앞까지 걸어갔다.

"오늘 우리는 한 가지만 연습하면 된단다."

아이들이 깜짝 놀랄 정도로 강한 목소리로 그녀가 아이들에게 말했다.

"바로 정지하는 연습이지. 낸튼 코치, 시범을 부탁해요."

아이들의 관심이 웨더바이에게 집중되어 있는 동안 낸튼

코치는 이미 빙판 저편 끝으로 이동해 있었다.

"예. 그렇게 하죠."

짧고 빠른 보조로 낸튼이 웨더바이에게 왔다. 그는 길고 부드럽게 얼음을 지치며 힘과 스피드를 더해갔다. 속도가 빨라질수록 다리 움직임도 빨라졌다. 웨더바이에게 다가올 때쯤 그는 최고 속도를 내고 있었다. 여러 명의 아이들이 충돌할까 봐 비명을 지르기 시작했다. 웨더바이는 바닥에 꼿꼿하게 서서 피할 생각도 하지 않았다. 그 순간 낸튼이 몸을 옆으로 돌려 날카로운 강철 스케이트 날을 얼음 표면 깊이 박았다. 스케이트 날에 깎여 나간 얼음 가루들이 퍼져 날았다. 속도를 줄이면서 세 발자국 정도 미끄러져 나가자 스케이트 날은 더 깊이 바닥을 파고 들었다. 이어서 낸튼은 약간 발목을 비틀어 날을 더 깊이 박으면서 웨더바이 바로 두 발자국 앞에서 정지했다. 그야말로 전광석화 같은 동작이었다.

아이들은 경외감에 사로잡혀 낸튼 코치를 지켜보았다.

"아주 훌륭했어."

웨더바이가 침착하게 말했다.

"정지하는 기술은 우리가 터득해야 하는 첫 번째 기술이란다. 일단 정지할 수 있게 되면 빨리 달릴 수 있는 여유도 생기지. 그리고 끼어 들어서 퍽을 가로챌 수 있게도 되고 말이야. 또한 정지 기술을 습득하면 스스로를 통제할 수 있어. 이기려면 퍽을 드리블할 수 있어야 하는데 그건 스스로를 통제할 수 있어야 가능하지. 자! 남은 시간 동안 정지 기술을 연습해보자."

그녀는 아이들을 향해서 말했다.

"신사분들, 이 팀은 여러분 팀이에요."

그녀는 고어먼과 낸튼, 앨런을 보며 말했다.

연습 전 그녀는 코치들에게 한 가지 약속을 받았다. 그것은 절대 부정적인 피드백을 하지 말라는 거였다. 코치들은 아이들에게 개선 사항만을 제안할 수 있었고, 그것도 칭찬을 한 뒤에만 가능했다.

"코치 여러분. 정지하기 위해서는 선수들이 몸을 옆으로 돌려야만 하고, 스케이트가 얼음 깊이 들어가게 해야 해. 이 아이들이 몸을 돌려서 스케이트를 얼음판에다 밀어 꽂을 수 있을 만한 힘이 있다는 데는 동의할 수 있겠지?"

그녀의 질문에 코치들도 동의했다.

"우리가 할 일은 아이들에게 몸을 돌려서 얼음판을 파는 법을 배울 필요성을 얘기하는 것이 아니야. 중요한 것은 그들에게 잘할 수 있다는 자신감을 주는 거야. 오늘 여러분이 할 일은 아이들에게 자신감을 심어주는 일이라구. 명심하게. 기술상의 문제인 것처럼 보이지만 종종 그게 아닌 다른 것일 수 있다고."

코치들은 아이들이 스케이트를 탄 채 달리다 멈추고, 달리다 멈추고 하는 훈련을 반복해서 시켰다. 아이들은 열심히 연습했다. 코치들은 아이들 한명 한명을 지켜보면서 칭찬하고 자신감을 심어주고, 다시 관찰하고 또 칭찬했다.

10분 동안은 아무런 변화도 일어나지 않았다. 15분이 지나서도 아무 일도 일어나지 않았다. 20분 지나자 빙판 여기저기에서 스케이트 날을 옆으로 해서 빙판을 찍어대는 소리가 들려왔다.

"코치 선생님, 보셨어요?"

아이들의 탄성 소리가 여기저기서 들려왔다.

연습이 끝날 때쯤 아이들은 적절한 순간에 정지할 수 있었다. 여러 명의 아이들이 마음껏 빨리 달리다가, 급정지를 하면서 얼음 가루를 흩뿌리고 있었다.

그날 밤 시합은 여러 가지 이유로 주목할 만했다.

첫째, 티모시가 나타났다. 앨런은 경기 전에 휠체어를 타고 머리에 붕대를 감은 티모시를 라커룸으로 데려왔다. 아이들은 격려의 박수와 환호성으로 그를 맞았다.

"이제 그만 티모시에게 길을 비켜주렴."

앨런이 아이들을 향해 말했다. 그러나 아이들은 여전히 티모시 주위에 몰려 있었다. 5분 뒤 예비 종이 울리고서야 그들은 장비를 갖추고 경기장으로 향했다.

"파이팅, 얘들아."

선수들이 라커룸을 떠날 때 티모시가 소리쳤다.

잠시 후에 아이들의 구호가 울려퍼지자 티모시는 손으로 의자 옆 바퀴를 꽉 잡았다.

"펌 님, 캣 님, 티모시에게 약속하자!

키모, 카이모, 데라, 스탬프스, 우승은 리버밴드의 것!

웨어라, 테어라, 타니 글림, 리버밴드는 하이파이브 팀!"

티모시는 처음으로 이 구호를 들었다.

"아이들은 너와 충돌한 걸 미안해 하고 있단다. 그래서……"

앨런이 설명하기 시작했다.

"저 애들의 잘못이 아니었어요. 우연이었을 뿐이죠."

티모시가 그의 말을 막았다.

"하지만 그들은 미안하게 생각하고 있단다."

앨런이 다시 말했다. 코치들이 진작에, 아이들에게 정지 기술은 기술의 문제가 아니라 자신감의 문제라는 점을 알고 가르쳤더라면 그 사고는 피할 수 있지 않았을까?

"모두가 너를 위해서 뭔가를 하고 싶어했어. 그래서 우린 너를 위해서 우승을 하기로 결심했지."

그날 밤은 리버밴드 팀에게 아주 특별한 시간이었다.

티모시가 경기장에 모습을 나타냈으며, 리버밴드 팀은 동점을 만들었다.

물론 상대가 리그 최고 팀은 아니었지만 리버밴드 팀은 제드 없이 뛰고서도 동점을 만들었던 것이다.

아이들은 여태까지 의존했던 제드가 없어지자 다르게 경기를 하기 시작했다. 정지 능력을 배운 것이 큰 힘이 되었다. 웨더바이가 옳았다. 스스로를 통제할 수 있게 되자 아이들은 퍽을 통제할 수 있게 되었다. 스피드·민첩성·퍽을 잡기 위해 스틱을 깊이 들이대는 것 등을 스스로 통제할 수 있다고 느끼자 경기가 훨씬 쉬워졌다.

"이제 여러분은 내가 필요 없어. 나 없이도 우승을 꼭 차지할 거야."

웨더바이가 앨런에게 말하며 경기장을 빠져 나갔다.

그녀는 그 뒤로 시합에는 나타나지 않았다. 하지만 여전히 화요일, 목요일 연습 때는 아이들과 같이 있었다. 그들은 기본 기술, 즉 정지하고 퍽을 드리블하고 슛을 하고 패스하는 기술을 계속해서 연습했다.

토요일 밤 시합은 최고였다. 그들은 패했지만 대단한 경기를 펼쳤다. 최종 점수는 7대 5였다. 3회전에서 리버밴드 전사 팀은 2점을 얻어내며, 노스사이드 레이더즈를 1점차까지 따라붙었다. 그들은 2회전까지는 열세였지만 3회전에서는 승리했다. 그것도 리그 최우수 팀 중의 한 팀과 대항해서!

앨런은 약속한 대로 경기 결과를 알리기 위해 웨더바이 선생에게 전화를 했다.

"환상적이군. 화요일에는 선수 각자를 위한 개별 목표를 정할 거야. 그리고 목요일에는 훌륭한 팀들이 공통으로 가지고 있는 세 번째 특징을 알아볼 거야."

"그게 뭐죠?"

앨런이 독촉을 하며 물었다.

"목요일에 애기함세. 컨설턴트들은 시간당으로 일하는 거야. 한꺼번에 모든 걸 다 얘기해줄 수는 없지."

웨더바이가 대답했다.

목요일에 그들은 각자의 연습 목표와 경기 목표를 정하기 시작했다. 웨더바이는 수첩에 이것들을 기록해두었다. 각 선수들마다 별도 페이지를 할애했다.

"자, 제리. 시합에서 너의 목표는 뭐니?"

고어먼은 골키퍼 제리를 위한 목표를 정하기 위해 말을 건넸다.

"한 골도 허용하지 않는 거예요."

제리가 말했다.

"좋은 생각이다. 맨 위에 큰 글자로 그것을 적어두자. 완벽한 방어는 완벽한 경기지. 그런데 좋은 경기는 어떤 거지?"

고어먼이 웃으며 물었다.

"세 골 정도 먹는 거예요."

제리가 대담하게 말했다.

"만일 백 번의 슛이 있다면 그건 꽤 잘한 경기겠는데 슛이 네 번만 있다면?"

"그렇게 잘한 건 아니에요."

제리가 말했다.

"실제로 일어날 수 있는 상황을 근거로 너의 목표를 정해 보자. 때때로 골을 먹어도 네가 훌륭한 경기를 했다는 걸 알게 될 거야."

아이들은 코치들 중 한 사람과 개인 면담을 했다. 그들은 연습 경기와 정식 경기를 위한 구체적인 수행 목표를 함께 도출해내고 그것들을 적었다. 웨더바이는 래리와 면담을 했다. 코치들이 '슛-래리-슛'이라고 불렀던 그 아이였다. 웨더바이는 제드와 마찬가지로 래리도 일단 퍽을 잡으면 패스하기를 싫어하는 아이라는 걸 알고 있었다. 그런데 제드와는 달리 기술이 좋지 못했다.

"래리, 정식 경기에서 너는 얼마나 자주 패스를 해야 한다고 생각하니?"

그 질문에 래리는 당황한 것 같았다.

"거의 언제나?"

웨더바이가 다시 직설적으로 물었다.

"브레이크어웨이가 아닐 경우에는 그럴지도 몰라요."

래리가 자신없게 말했다.

"그런 일이 얼마나 자주 일어나지? 브레이크어웨이 말이야."

"많이 발생해요."

래리가 환하게 웃으면서 말했다.

근처에 서서 이 이야기를 듣던 앨런도 미소를 지었다. 그녀가 '슛-래리-슛'을 위한 목표를 설정해주고 있다는 걸 알고 앨런은 기뻤다.

웨더바이가 '브레이크어웨이'에 대한 정확한 정의를 설명해준 뒤에 결국 래리는 브레이크어웨이를 포함해서 80%는 패스해야 한다는 것에 동의했다.

"어떻게 해서 그렇게 하셨어요?"

낸튼이 연습 후에 면담지를 보면서 물었다.

"작전이지. 다른 팀들을 속이는 거야. 만일 래리가 80%를 패스하고 20%만 골을 넣으려고 한다면 상대 팀은 래리의 돌발 행동에 곤란을 겪게 될 거야. 래리는 훌륭한 선수가 될 거야. 그는 대부분 패스를 하다가 상대 팀이 예상하지 못할 때 골을 넣는 거야. 이 계획은 확실히 성공하게 될 거라고 그에게 얘기해주었어."

웨더바이가 말했다.

앨런은 그날 저녁 팀워크에 관해 배운 사항들을 집에 있는 컴퓨터에 입력했다. 이 작은 행동이 뒷날 앨런에게 가져올 큰 변화의 시작이 될 줄은 꿈에도 모른 채……

'당신은 모든 일을 완벽하게 잘하지만 다른 사람들은 그렇지 못합니다. 우리는 공동의 목표를 위해 함께 일할 사람이 필요합니다. 그렇습니다. 당신의 성과는 좀 줄어들 수 있어요. 하지만 팀은 많은 성과를 올릴 수 있습니다.'

한때 앨런은 사장이 말한 자신의 해고 사유에 동의하고 싶지 않았다. 하지만 이제 앨런은 자신의 문제점을 인정하게 되었다. 티모시, 제드, 제리, 래리 그리고 웨더바이 모두에게 고마워하며 앨런은 잠을 청했다.

마법의 팀워크

목요일, 앨런은 웨더바이와 함께 연습장으로 가고 있었다.

"성공하는 팀이 되기 위한 네 가지 비결 중 세 번째는 무엇입니까?"

앨런은 그녀에게 간절하게 질문했다.

"자네가 파크매너홈으로 나를 처음 만나러 왔을 때 이미 알려 줬어."

"이미 알려주었다고요?"

"아! 생각났어요."

앨런은 아침 일찍 컴퓨터 기록을 살펴보면서 읽었던 한 줄의 문장을 떠올리며 말했다.

"우리 모두를 합친 것보다 현명한 사람은 아무도 없다."

"바로 그거야."

웨더바이가 기뻐하며 말했다.

"그때도 말했지만 그게 바로 팀의 본질이지. 집단의 능력은 개개인의 능력을 능가해. 사람들이 자신들만 좋게 보이려고 행동한다면 팀의 효과를 해칠 수 있어. 그러나 모든 구성원들이 팀을 먼저 생각하고 팀이 잘되는 것에 집중을 하면 그 공동 효과는 대단해지지. 스포츠 팀, 교사 팀, 작업 팀, 그리고 영업 팀에서도 그 효과를 봤어. 심지어는 아버지가 운영하는 농장에 있는 4마리의 말에도 이것이 적용되었지."

앨런은 잠시 생각에 잠겼다.

'첫째, 사람들을 고무시킬 목적을 세워야 해. 다음은 기술이 필요하다. 기술은 사람들의 목적 달성에 크게 이바지하지. 그리고 다음은……? 공동의 조화야. 이것이야말로 세 번째 비결의 핵심이야.'

그 사이 웨더바이는 나지막히 코를 골며 잠들었다.

그들은 곧 아이스하키 연습장에 도착했다. 자동차가 자갈이 깔린 주차장에 들어서자 늘 그랬듯이 웨더바이는 잠에서 깼다.

우리 모두를 합친 것보다 현명한 사람은 아무도 없다.

" '우리 모두를 합친 것보다 현명한 사람은 아무도 없다' 는 것이
팀의 본질이지. 집단의 능력은 개개인의 능력을 능가해. 팀을 먼저
생각하고 팀이 잘되는 것에 집중을 하면 그 공동 효과는 대단해지지."

"그렇다면 우리 모두를 합친 것보다 현명한 사람은 아무도 없다는 것을 아이들에게 어떻게 설득해야 하나요?"

앨런이 차에서 내리면서 물었다.

"카드 속에 그 방법이 들어 있지."

웨더바이가 묘한 웃음을 지었다. 그녀는 지갑에서 여섯 묶음의 카드를 꺼냈다.

"여기 이 카드를 받게. 하지만 섞지는 말아."

그녀는 앨런에게 카드를 건네주며 말했다.

각 묶음에는 똑같이 열장의 흰 카드가 있었다. 웨더바이는 카드에 진한 검정색 펜으로 0에서 9까지의 숫자를 큼지막하게 표시해 놓았다. 앨런은 궁금증을 누르며 라커룸으로 향했다.

"오늘 연습은 라커룸에서 시작하지. 당신이 먼저 가서 내가 곧 갈 거라고 말해주게."

웨더바이가 도착하자 코치와 선수들은 호기심어린 눈으로 바라보았다.

"오늘은 재미있는 게임으로 연습을 시작하자. 중요한 질문을 하겠는데, 여기서 누가 수학을 가장 잘 하나?"

그녀는 방을 둘러보며 물었다.

"지난 번 수학 점수대로 정렬해. 가장 높은 점수를 받은 사람은 저쪽 문가에, 가장 낮은 점수를 받은 사람은 내 곁에 서도록 하지."

학생들은 수학 점수를 비교하더니 순서대로 한 줄로 섰다. 웨더바이는 상위 그룹 8명과 하위 그룹 7명으로 나눴다. 그녀는 앨런에게 상위 그룹 대표 3명과 하위 그룹 대표 3명에게 카드 한 묶음씩을 각각 나눠주라고 했다.

"이건 불공평해요."

하위 그룹에 속한 테일러가 말했다.

"상위 그룹은 매번 이기게 될 거고 우리는……."

그는 말꼬리를 흐렸다.

"좀 둔한 집단이지. 너희들은 둔한 집단이야."

상위 그룹에 속한 아이들에게서 조롱 섞인 소리가 흘러나왔다.

"게다가 너희는 8명이고 우리는 7명뿐이잖아."

하위 그룹에 속한 아이들은 계속해서 불만을 나타냈다.

"아냐, 우리는 7명이 아냐. 우리도 8명이야. 내가 8번이거든. 상위 8명은 왼쪽 벽의 벤치로 옮기거라. 우리는 오른쪽 벤치에 앉을 테니."

웨더바이가 말했다.

학생들은 각자의 자리로 갔다.

"자, 그럼 게임을 시작하자."

웨더바이가 소리쳤다.

"고어면 코치가 0에서 27번 사이의 숫자 하나를 부를 거야. 양 팀은 카드 세 장을 들어올려야 해. 그리고 세 장의 합이 고어면 코치가 부르는 숫자가 돼야 해. 카드 위에 모두 숫자 가 새겨져 있어. 숫자를 제대로 맞춘 팀이 이기는 거야. 서로 상의할 수도 있어. 게임을 하지 않는 팀원에게서 도움을 얻을 수도 있어. 카드를 들어올린 후에 숫자를 변경할 수도 있지. 고어면 코치, 준비 됐으면 아무 숫자나 불러 보게."

"18"

고어면 코치가 외쳤다. 학생들은 순식간에 카드를 올렸다. 학생들은 소란스럽게 카드를 내려놓더니 서로 의논하기 시작 했다. 웨더바이는 자기 팀 중의 한 아이에게 다가가서 말했다.

"그래햄! 고어면 코치가 0에서 18사이의 숫자를 부르면 너 는 0을 드는 거야. 만약 19거나 그 이상이면 9를 들면 된단 다. 알겠니? 두 장의 카드만 사용해라. 18까지는 0이고 19이 상이면 9를 드는 거야. 잊지 마."

"잘 알겠어요."

그래햄이 자신있게 대답했다.

"고어먼 코치가 18이라고 외치면 너는 어떤 카드를 보여야지?"

그래햄은 0을 들었다.

"잘했다."

웨더바이는 그의 행동에 대해 칭찬했다.

그녀가 그래햄과 말하는 동안, 상위 그룹 학생들은 함께 행동을 취하며 7, 2, 9를 들어 18을 만들었다. 고어먼 코치가 상위 그룹의 승리를 선언했지만 웨더바이는 모른 척했다.

"다시 게임을 합시다."

그녀는 고어먼 코치에게 제안하면서 앤디에게 조용히 다가갔다.

"만약 코치가 9 이하의 숫자를 부르면 0을 들어라. 10 이상이면 9를 들어라. 알겠지?"

고어먼 코치가 25라고 외치는 순간 상위 그룹 학생들에게서 탄식, 괴성, 충고, 비난의 소리가 여기저기서 터져 나왔다. 그러나 하위 그룹의 그래햄은 9를 들고 앤디도 9를 들었다. 웨더바이는 세 번째 카드 멤버인 토니 옆에 앉아서 조용히 말했다.

"고어먼이 부르는 숫자가 한 자리이면 바로 그 숫자를 들어라. 그런데 25같은 두 자리 숫자면 그 두 수를 더한 값을 들어라. 2더하기 5는 얼마지?"

"7이요."

토니가 답했다.

"그러면 7을 들어라."

토니는 곧바로 7을 들었다. 반면에 상위 그룹 학생들은 숫자를 들었다 놨다 하면서 합계가 맞지 않자 소리를 질러댔다. 고어먼 코치는 하위 그룹의 승리를 선포했다. 상위 그룹은 패배가 믿기지 않았다.

"하지만 19를 조심해. 19가 나오면 두 번 더해야 돼. 1더하기 9는 얼마지?"

웨더바이는 다시 팀을 정비하면서 토니에게 말했다.

"10"

토니가 말했다.

"맞았어. 이제 1더하기 0은 얼마지?"

"1이죠."

"잘했어."

웨더바이가 몇 번을 당부했다.

"코치가 19라고 외치면 1을 들어라."

고어먼 코치는 9를 외쳤다. 상위 그룹이 상의하기도 전에 그래햄과 앤디는 각각 0을 들고 토니는 9를 들었다. 하위 그룹이 순식간에 승리를 거뒀다.

"15"

고어먼 코치가 소리쳤다.

그래햄은 0을 내보이고 앤디는 재빨리 9를 들고 토니는 1과 5를 더해 6을 들었다. 상위 그룹은 망연자실했다.

상위 그룹은 선수를 교체하기로 했다. 하지만 그들은 계속해서 졌다. 심지어 패배에 대해 서로를 비난하기 시작했다. 하위 그룹도 선수들을 교체하기 시작했다. 그녀는 새 팀원에게도 같은 방법을 알려주었다. 상위 그룹은 갈수록 격렬하게 싸웠다.

"조용히 설명해라. 우리 작전이 새 나가지 않도록 해라."

그녀가 주의를 주었다.

열다섯 번의 승부를 겨룬 뒤 웨더바이는 게임 종료를 선언하고 그 결과를 발표했다.

"최종 결과는 상위 그룹이 1번, 둔한 그룹이라고 불리던 하위 그룹은 14번을 이겼어. 둔한 그룹치고는 괜찮은 편이지!"

웨더바이가 게임 결과를 발표하자 하위 그룹 학생들은 의기양양해졌다.

"여기서 너희들이 알아둬야 할 교훈이 있어. 하나는 여러분이 기본적인 기술과 경기 작전을 가지고 있다면 그것을 고수해야 한다는 것이지. 비록 여러분이 가장 뛰어난 사람들이라 해도 무계획보다는 훨씬 나을 테니까. 둘째, 하위 그룹 학생 셋이 힘을 합치면 제각각인 상위 그룹도 쉽게 이길 수 있다는 걸 명심해. 셋째, 기술도 중요하지만 일단 그 기술을 터득하고 나면 기술 향상을 꾀하는 것보다 협동하는 것이 더 중요해. 넷째, 여러분이 팀의 일원으로 활동한다면 가장 우수한 사람이 될 수 있으며, 팀으로 뭉치지 않는 사람을 이길 수 있다는 사실이야."

"실은 위의 네 가지는 모두 똑같은 거야. 다만 바라보는 시각이 다를 뿐이지. 그것을 압축해서 한 문장으로 제시할게. '우리 모두를 합친 것보다 현명한 사람은 아무도 없다.' 이것이 무슨 뜻인지 아는 사람?"

웨더바이가 말을 마치자 애런이 번쩍 손을 들었다.

"그래, 애런이 말해볼래?"

"내 머리가 아무리 좋다 해도 팀을 형성해서 힘을 합친 것만큼은 결코 좋을 수가 없다는 것을 의미합니다. 그리고 제 생각에는……."

"계속해 봐."

"머리가 좋아지고 싶다면 다른 사람들의 머리와 내 머리를 합쳐야 한다는 뜻입니다."

"잘했어, 애런. 그런데 우리 아이스하키 팀에 관해서는 어떻게 생각하니?"

"다른 팀 선수들이 개별적으로는 우리보다 우수해도 우리가 그들보다 팀워크가 좋다면 반드시 이길 수 있습니다."

"애런, 정말 똑똑하구나. 바로 그거야. 상대 팀이 개개 선수로서 아무리 훌륭해도 우리는 팀워크로 그들을 이길 수 있어. 카드로 했던 방법을 경기에도 적용할 수 있어. 우리는 작전도 세울 수 있어. 상대방 선수들이 제아무리 기술이 좋아도 작전을 세우지 않고 각자 고집을 부린다면 우리가 이길 확률은 더 커지는 거야."

웨더바이가 잠시 말을 멈췄다.

"그러니까 일단 작전을 세우고 나면 우리는 팀원으로서 행동해야 되는 거야. 경기 전에 자신에게 슛을 하고 득점을 올리는 대신 패스를 하라는 작전이 세워졌다면 그걸 따라야 해. 그렇게 되면 팀은 득점을 올리게 되지. 작전을 잘 따르면 본인은 득점을 많이 올리지 못할지 모르지만 팀은 자주 득점을 할 거야."

앨런이 그녀가 잠시 말을 멈춘 사이 자연스럽게 끼어들었다.

"앨런 코치 말이 맞아. 이제 빙판으로 나가서 많은 득점을 올릴 계획을 세워야 할 시기가 온 것 같군. 자, 나가자!"

웨더바이가 제안했다.

웨더바이의 격려는 머리를 맞대고 다짐을 하는 학생들의 외침 속에 파묻혔다.

웨더바이는 빙판으로 나설 준비를 마친 학생들과 코치들에게 한 가지 더 놀라움을 안겨주었다.

"여기 제안할 것이 있는데."

어린 선수들과 코치들에게 말했다.

"팀워크로 득점을 올린 여러분은 서커스에서 보는 인간 피라미드의 맨 꼭대기에 있는 사람과 같아. 누가 가장 영예를 누릴 만하지? 물론 가장 밑에 있는 사람들이지. 그들이 모든 것을 지탱하고 있으니까. 지금부터 색다른 방법으로 점수를 매겨보자. 가장 좋은 경기를 한 선수를 선발하기 위해 매 경기마다 새로운 평가 방법을 적용할 거야. 득점을 올린 선수는 1점을 획득하고, 그에게 패스를 하거나 도움을 준 사람은 2점을 얻게 될 거야. 또한 득점을 올리는 데 도움을 준 사람에게 패스를 한 사람은 3점을 얻게 될 거야."

아이들은 정말 멋진 일이라고 생각했다. 지금까지 팀 득점의 대부분을 올렸던 제드라면 반대했겠지만 그는 이곳에 없었다. 아이들과 코치들은 웨더바이의 독특한 평가관을 수용했다.

회의 시간을 제외한 시간은 경기 연습과 적절한 위치 선정을 익히는 데 할애했다. 과거에는 모두 코치가 시키는 대로만 반복 연습을 했지만 이제는 협동심에 관한 새로운 시각을 갖게 되었다. 팀은 놀라운 수준의 헌신과 정열로 뭉치게 되었다.

"학생들이 기본기를 익히고 경기에서 약속된 전술을 사용하여 자기 위치에서 경기를 할 수 있게 되면 공격 선수들과 수비 선수들을 조금씩 순환시킬 거야."

연습 후 웨더바이는 코치들에게 말했다.

"성공적인 팀을 만들려면 유연성이 중요해. 사람들에게는 서로의 위치를 바꿔보는 훈련이 필요하네. 다른 사람의 입장에서 일하다 보면 좋은 생각을 얻게 되지. 위치를 바꿔보는 것은 기술 습득에도 도움이 되고, 팀원들에게 넓은 시야와 변화에 대한 안정감을 주지. 아이들이 똑같은 것만을 지루하게 반복하다 보면 기술 개발도 하지 않게 돼."

"골키퍼는 어때요? 제리도 다른 위치로 바꿔볼까요?"

고어먼이 물었다.

"실제 경기에서는 절대 안돼."

웨더바이가 말했다.

"제리는 전문적인 기술을 가진 위치에 있어. 그리고 다른 아이들에게 별도의 전문 기술을 연마하라고 하는 것은 이치에 맞지 않아. 비행기에서 승무원과 조종사를 서로 순환하는 것은 말도 안 되지. 여러분은 유연한 기술과 유연한 생각을 가져야 한다는 것을 명심해야 해. 가끔 연습 도중 팀의 목표를 달성하기 위해 제리와 위치를 바꾼다 해도 손해는 없을 거야. 만일 위치를 바꾸고도 아무 문제가 일어나지 않는다면 제리도 약간의 경계심을 갖겠지."

"괜찮은 생각인데요."

낸튼, 고어먼, 앨런이 동시에 말했다.

"또 하나는 티모시에 대한 이야기야. 주장의 역할도 서로

번갈아 가면서 할 것을 제안하네. 훌륭한 팀의 유연성은 팀원 간에 리더십을 공유할 능력과 자발성을 만들어주지."

"참 좋은 생각입니다."

티모시가 사고를 당했던 날 밤의 의료진을 생각하며 앨런 이 탄성을 질렀다.

"그날 밤 의료진이 취하는 행동을 보면 정말 뭔가 해낼 것 같더군요. 모두들 필요할 때면 리더십을 발휘할 준비가 되어 있었어요. 팀 동료에게 도움이 되는 곳에 그들의 온 힘을 쏟 고 있었어요. 이게 바로 리더십을 공유하고 있다는 의미죠."

앨런이 주차장을 나올 때쯤 옆좌석에 있던 웨더바이는 손 가방에서 종이 뭉치를 꺼내 앨런에게 건네주었다.

"여기 토요일 시합에 관한 것이 적혀 있네."

그녀가 말했다.

내용이 몹시 궁금했는지 앨런은 차를 주차장 입구에 멈추 고는 실내등을 켰다. 그것은 인증서였다. 맨 위쪽에 '리버밴드 전사들 중 가장 높은 수훈을 세운 선수'라고 적혀 있었다. 그 밑에는 승자의 이름을 쓰는 공간과 앨런, 낸튼, 고어먼 코치 가 서명할 공간이 마련되어 있었다.

"이거 놀라운데요. 근데 웨더바이 선생님이 서명할 공간은 없네요."

앨런이 흥분하며 말했다.

"나는 자문만 할 뿐이야. 팀 운영권자가 아니지. 알겠어?"

"그런데 이건 어디서 구했어요?"

"내 컴퓨터에서. 우리는 구식이지만 현대적인 전법 몇 개쯤은 알고 있지."

"대단해요."

앨런은 그녀의 말에 동의를 표하고는 실내등을 끄고 차를 몰았다.

"그런데 선생님이 잠들기 전에 하나 말해둘 게 있어요."

"내가 잔다구?"

"내 차가 코를 곤 게 아니라면 그렇겠지요."

"선생님은 첫 번째 비결이 '가치와 목표를 공유하면서 분명한 목적을 부여하는 것'이라고 말했어요. 이것은 사람들을 분발시키는 과정이라고 생각해요. 두 번째 비결은 '재능을 자유롭게 발휘하고 개발하는 것'이라고 했어요. 이것은 목적을 달성하는 데 중대한 역할을 한다고 봐요. '우리 모두를 합친 것보다 현명한 사람은 아무도 없다'라는 세 번째 비결은 조화에 관한 것이며, 특히 공동체적 조화를 말하지요. 듣고 계세요?"

"계속하게."

"'우리 모두를 합친 것만큼 현명한 사람은 없다'는 말이 개인 기술을 팀 기술로 전환해 놓았다는 것을 이제야 알았어요. 전에는 정말 이해할 수 없었어요. 개인 기술들이 결합되어 새롭고 완벽한 팀 기술을 만들어낸다고 생각했어요. 그런데 개인 기술의 발휘만으로는 결코 팀 기술이 완성되지 못하더군요."

"바로 그거야. 자네의 생각이 옳았어. 그것은 조화이며 거기에는 공동체라는 의미도 있지. 전체는 부분의 총합을 능가하지. 그것은 자동차의 두 전조등과도 같지. 한쪽 전조등을 가리면 다른 한쪽은 얼마나 멀리 비출 수 있을까? 150m 정도나 갈까? 그러나 두 개의 전조등을 모두 켜면 처음 150m에서는 하나보다 훨씬 밝게 빛나고 아마 250m 정도까지는 비칠 거야. 결국 150m부터 250m까지의 공간을 비추는 것은 두 개의 전조등이 모두 켜져 있어야만 가능한 거지. 두 개의 전조등이 서로 힘을 얻게 되는 거지. 어떻게 그런 일이 일어나는지 정확하게 알 수는 없지만 아무튼 그래."

웨더바이가 말했다.

"저도 그 이유는 모르겠어요. 선생님도 알다시피 저는 팀원이 아니라는 이유로 쫓겨났어요. 제드 부드처럼 말이죠. 나의 불빛은 180m 정도라고 생각했어요. 누군가의 도움 없이는 150m 정도밖에 못 비추는 다른 사람들보다 내가 낫다고 생각했지요. 다른 사람들은 안중에도 없었어요. 그래서 우리들 중 아무도 200m를 비추지 못했던 것 같아요. 팀원과 조화를 이룬다는 것은 정말 흥미로운 일이에요."

앨런이 분명한 어조로 말했다.

"팀은 모두 같네, 앨런. 업무 팀도 어떤 면에서는 스포츠 팀보다 나을 수 있어. 물론 그 반대가 될 수도 있지."

"초등학교 스포츠 팀이 업무 팀보다 나아 보여요."

앨런이 부끄럽다는 듯 답변했다.

"내가 생각하기에 스포츠 팀이 훨씬 오래되었기 때문에 유리하다고 봐. 일반적으로 스포츠 팀은 피드백을 주고받거나 성과를 유지하는 데 능숙하지. 매 경기마다 가장 공헌도가 큰 선수를 선정하도록 하게. 그것을 통해 학생들에게 즉각적인 피드백을 할 수 있을 거야. 코치들은 가만히 앉아 있지 말고 목표를 점검하고 선수들이 어떻게 해 왔는지 살펴봐야 해.

피드백은 즉각 이루어져야 하고 평가도 즉시 이루어져야 해. 자네는 훌륭한 경험을 가지고 있을 뿐만 아니라 명석해. 자네에게 필요한 것은 가능한 빨리 팀에 대해 새로운 눈을 뜨는 거야."

"그렇게 말씀해 주시니 감사합니다."

앨런이 고마움을 표시했다.

"사실이야. 스포츠를 하는 사람들은 훈련에 열정적이야. 내가 잭과 함께 사업을 했을 때 사람들은 훈련을 꺼려하더라구. 직원들이 잘 해낼 수 있을지 그리고 무슨 일이 일어나지 않을까 항상 염려했어. 그 결과는 월급을 올려 주거나 아니면 직원들이 회사를 떠나게 만드는 거야. 회사는 일 잘하는 직원의 생산성이 향상되면 그에 따라 더 많은 월급을 지급해야 한다는 사실을 이해하지 못하더라구."

"맞는 말예요."

앨런이 대답했다.

"그들도 알고는 있지만 믿으려고 하지 않아. 아는 것과 믿는 것은 차이가 있어. 하지만 가장 큰 문제는 돈이 아니야. 정말 놀라운 일은 직원들이 회사를 떠나려 한다는 것이야. 회사는 그들을 훈련시키는 데 이미 많은 돈을 투자했는데 말이야."

"지당하신 말씀입니다."

"우리가 전에 얘기했던 공동의 조화를 이해해야 돼. 공동의 조화는 개인적인 기술을 팀 기술로 바꿔주지. 훈련된 사람들은 팀을 새로운 수준으로 이끌고, 그 새로운 수준이 표준이 되는 거야. 유능한 선수가 떠나버리면 팀은 일시적으로 타격을 입긴 하겠지. 그러나 곧 정상을 찾고 그 팀은 처음 시작할 때보다 더 높은 수준에서 활동하게 되지."

"다 왔어요. 선생님, 이번에는 내내 깨어 있으셨군요."

앨런은 파크매너홈 저택에 차를 세웠다.

"나는 코고는 것보다 말하는 것을 훨씬 더 좋아하네."

웨더바이가 말했다.

"서로 공유하며 더 높은 수준으로 기능을 발휘하는 법을 터득해 온 팀은 쉽게 무너지지 않아. 그런 경험이나 능력은 주전 선수가 떠났을 때도 사라지지 않는 거야. 다소 약화되기는 하지만 완전히 없어지지는 않지."

앨런이 문을 열자 실내등이 켜졌다.

"선생님은 여고 농구부를 가르치고, 잭이 센트럴 캐스팅스를 운영하는 것을 도우면서 이 모든 것을 터득하셨나요?"

웨더바이 쪽을 쳐다보며 그가 물었다.

"그것도 있고 또 다른 몇 가지 경험을 통해서이지."

"토요일 경기에 오실 거죠?"

앨런은 집 앞까지 함께 걸어가면서 물었다.

"못 갈 것 같은데. 하지만 경기가 끝난 후에 경기 결과를 알려줘. 화요일에 연습할 때 나를 태우러 와야 해."

그날 저녁 앨런은 컴퓨터 앞에 앉아 새로 터득한 것들을 기록했다. 그는 웨더바이가 말한 '몇 가지 다른 경험'이 무엇인지 몹시 궁금했다.

4

앨런의 화려한 부활

팀워크 전문가로 거듭난 앨런

'리버밴드 전사, 이스트랜드 오소리 팀에 6:4로 승리'

앨런은 지방 신문의 스포츠면 머릿글을 보며 미소지었다.

고어먼은 티모시가 경기에 참석할 수 없다는 것을 미리 알았다. 티모시는 심한 두통으로 병원에 갔다.

"코피가 흐르고 있어요."

아들을 걱정하는 그의 아버지가 고어먼에게 알려 주었다.

"가끔 코피가 흐르지만 크게 염려할 필요는 없어요. 하지만 상처나 두통은 확실하게 치료해야 해요."

아이들이 티모시가 빠진 것을 곧 알게 될 거라고 생각한 고어먼은 아이들에게 상황을 설명했다. 고어먼은 학생들의 사기를 북돋아주기 위해서 격려의 말을 해주리라 생각했으나 래리가 대신했다.

"우리가 승리했다는 소식을 들으면 티모시의 두통이 사라질 거야."

래리는 라커룸으로 달려가면서 말했다.

그날 밤 아이들은 어떤 경기보다도 자신감에 넘쳤으며, 서로 나서서 하이파이브를 외쳤다. 원시적인 리듬과 흥겨운 노래 소리가 경기장에 울려 퍼지고 있었다.

그날 저녁 최고 수훈 선수를 시상했다. 코치들은 이야기를 조작할 필요가 없었다. 래리가 분명한 승자였다. 래리는 자기에게 퍽이 올 때마다 패스를 했다. 딱 한번만 빼고. 3회전 초반 래리의 부모님은 천재라고 여기는 자기 아들이 한 골도 못 넣었기 때문에 광분하고 있었다. 그러던 중, 로베르토가 래리에게 패스하자 래리는 상대 팀의 골키퍼가 바로 옆에 있다는 것을 알았다. 래리는 완벽한 슛을 쏘아서 득점을 올렸다. 그의 부모님은 기쁨에 겨워 어쩔 줄 몰라 했다.

래리 부모의 기대감으로 인해 래리의 새로운 경기 방식에 문제가 생길지도 모른다고 생각한 고어먼은 벤치에서 일어나 그의 부모 곁으로 다가갔다.

"멋진 골이었죠."

고어먼이 정중하게 말했다.

"부모님께서는 래리가 새로운 전략으로 인해 더 많은 득점을 올릴 수 있게 되었다는 것을 아셨나요? 래리는 확실한 기회가 아니면 항상 패스를 해야 합니다. 이 방식은 상대 팀을 속이는 것입니다. 상대 팀 선수들은 그가 이번에도 패스를 할 것이라 예상했기 때문에 그가 슛을 날릴 때도 신경쓰지 않았어요. 래리가 이제 두세 배 이상의 득점을 올리는 것은 시간 문제입니다."

두세 배 이상으로 득점을 올린다고! 래리의 부모님은 놀란 눈으로 쳐다보았다.

고어먼은 3회전 후반부에 큰 소리로 외치는 낯익은 목소리를 들었다.

"패스해, 래리. 패스하라고."

경기 종료가 선언되었을 때 리버밴드 팀은 이미 큰 점수를 얻었다.

"코치, 정말 멋진 작전이었습니다."

조세 몬테로의 아버지가 나타나 말했다. 아이들은 라커룸으로 향하고 있었다.

"갑자기 아이들이 멋진 팀으로 호흡을 맞추더군요."

"앨런이 모든 것을 책임지고 있지요."

고어먼이 설명하기 시작했다. 몬테로 씨는 앨런 쪽으로 향하더니 그의 팔꿈치를 단단히 걸고 한쪽으로 데리고 갔다.

"앨런 씨, 한말씀 드리겠습니다."

"무슨 말씀이시죠?"

앨런은 그가 무얼 말하려고 하는지 궁금해했다.

"팀워크죠. 우리 회사는 팀워크 향상이 절실히 필요해요. 내 생각에는 당신이 가장 적임자인 것 같습니다. 우리를 도와줄 수 있겠지요?"

몬테로 사장이 말했다.

"뭐라구요? 도울 수 있냐고요?"

앨런이 물었다.

"우리 회사는 당신을 필요로 해요. 보수도 드리겠어요. 한 두 시간만이라도 시간을 내서 방법을 알려주세요."

"미안합니다, 몬테로 사장님. 나는 그런 것을 해본 적이 없어요."

앨런이 정중하게 거절했다.

"그래요? 그런데 지금 그 일을 하고 있잖아요. 얼마면 되겠어요?"

"그런 건 잘 몰라요."

"그러면……."

몬테로는 앨런에게 가만히 다가가서 그가 이전 직장에서 받았던 주급(週給)에 해당하는 1000달러를 나지막하게 말했다. 그것을 시간당 보수로 계산해 주겠다니!

"좋습니다, 한번 생각해 보죠!"

앨런도 속삭이며 말했다.

"좋아요. 여기 내 명함이 있으니 월요일에 전화주세요. 물론 그렇게 해주시리라 믿습니다. 선생이 이곳에서 만들어낸 마술 같은 팀워크가 우리 회사에 필요합니다."

"그러나 저는 가르치는 것이 아니라 거꾸로 배우고 있는데요. 그리고 저 혼자 한 것도 아니구요."

앨런은 겸손하게 말했다.

"물론 그러시겠죠. 저는 당신 같은 팀 전문가가 혼자서 모든 것을 했다고 생각하지는 않아요."

몬테로 사장이 말했다.

앨런은 웨더바이에게 전화를 걸어 경기 결과를 알려주면서 몬테로 사장의 제안에 관해 얘기했다.

"정말 말도 안 되죠, 그렇죠?"

"아니야. 그렇지 않아."

"선생님이 제게 가르쳐주신 것으로 제가 돈을 받는 것은 너무 심한 것 같아요."

"내가 자네에게 가르친 게 아닐세. 자네가 배운 것은 나를 통해서가 아니고 학생들, 다른 코치들, 그리고 지금까지 자네가 읽었던 책을 통해서지. 자네가 터득한 것 대부분은 팀과 함께 생활하면서 배운 경험에서 비롯된 것이지. 경험은 가장 훌륭한 스승이야. 자네는 이미 식견 있는 사람이 되었고 그 지식은 팀을 완전히 다른 수준으로 끌어올리는 데 큰 도움을 주었던 거야. 바로 목요일 저녁에 우리가 대화를 나누었던 것처럼 말이야. 자네가 떠난다 해도 이제 팀이 다시 곤두박질치진 않을 거야. 잘 나가는 조직이나 승승장구하는 팀은 연구를 게을리하지 않기 때문이지. 이제 자네가 해야 할 일은 밖으로 나가서 지금까지 터득한 것을 다른 사람들과 공유하는 것이지. 앨런, 자네는 이제 멋진 선생님이 될 거야."

"그러나 돈이 너무 많아요."

"그건 신경쓸 것 없다니까! 몬테로 사장의 회사가 팀워크를 강화하는 데 도움을 줄 수만 있으면 되네. 그러면 아마 그 팀에서는 일주일만에 자네에게 준 보수의 몇 배의 이익을 회사에 보상해 줄 거야. 일주일만에 원금에 이자까지 회수할 수 있다면 정말 좋은 투자 아닌가!"

"저는 아직 네 번째 비결도 모르는데요!"

앨런이 항변했다.

"그렇긴 하지."

그녀는 앨런을 놀려댔다.

"화요일에 와 보면 알게 될 거야."

일요일, 앨런은 자료를 출력해서 웨더바이를 만나러 갔다. 오는 수요일 아침에 몬테로 씨 회사 직원 372명 앞에서 팀워크 강연을 할 생각을 하니 초조해졌다. 앨런은 몇 주 정도 연기하려 했으나 몬테로 사장은 완강했다. 팀을 상대로 다른 사람을 가르치고 그들이 성공할 수 있도록 도와주는 일은 정말 재미있는 일일 것 같았다. 만약에 그가 생계 수단으로 그 일을 할 수 있다면 세상에서 가장 좋은 직업이 될 것이다.

"앨런, 이제 자네는 많은 자료를 갖고 있네. 무엇보다도 그 자료에 기록된 것들을 잘 이해해야 하네. 나는 자네가 학생들과 함께 있는 것을 지켜보았네. 정말 타고난 선생이더군."

웨더바이는 자료를 살펴보고 조언을 해주었다.

"그리고 한 가지 더 있네. 믿거나 말거나 자네는 영웅이야. 사람들은 훌륭한 팀원이 되길 바라며 위대한 팀을 만들고 싶어하지. 자네는 정말 해낼 수 있다는 것을 생생하게 보여 준 거야. 내가 늘 강조하듯이 최선을 다하면 자네는 해낼 수 있을 거야."

포상과 인정은 장점을 극대화한다

화요일은 티모시가 병원에서 퇴원하는 날이었다. 토요일 경기에 출전할 수 있다는 말도 전해왔다.

"티모시가 래리의 수상을 특별히 축하한다고 전해달라고 하더구나."

고어먼은 연습하기 전에 라커룸에서 선수들에게 이 말을 전했다. 모두 아이스하키 글러브를 높이 쳐들고 '래리'를 외쳤다. 환호, 함성 그리고 괴성이 실내에 가득 찼다. 전원이 찬성한다는 전통적인 의사표시 방법이었다.

선수들이 준비 운동을 하고 있는 동안 코치들과 웨더바이가 벤치에 모였다.

"그런데 웨더바이 선생님, 훌륭한 팀을 만들 수 있는 네 번째 비결을 우리에게 말해줄 때가 되지 않았나요?"

고어먼이 말했다.

"이번에 우리가 우승해야 내일 앨런이 몬테로 씨 회사에서 당당하게 발표할 수 있을 텐데요."

낸튼이 말했다.

"금상첨화지."

앨런이 맞장구를 쳤다.

"네 번째 비결은 3R 방식이지. 나 같은 구식 스승으로부터 더 이상 바라는 게 뭐 있겠어. 그것은 바로 자주(repeated) 포상(reward)하고 인정하는(recognition) 거야."

웨더바이가 말했다.

"자주 포상을 하고 인정하는 것이라뇨?"

고어먼이 되물었다.

"이 비결은 앞의 세 가지 비결을 강화시켜 주는 거야. 기회가 있을 때마다 앞의 세 가지 비결에 걸맞는 행동을 보여준 선수들에게 상을 주어야지. 기회가 없으면 직접 만들어야 하구."

"사람들은 포상과 인정을 자주 받을수록 능력을 끊임없이

자주 포상하고 인정하라

"네 번째 비결은 3R 방식이지. 그것은 바로 자주(Repeated)
포상하고(Reward) 인정하는(Recognition) 거야. 이 비결은 앞의
비결들을 강화하지. 사람들은 포상과 인정을 받을수록 능력을 발휘해."

발휘하게 되지. 여러분이 할 일은 적극적으로 그런 분위기를 유지시켜 주는 거야."

웨더바이가 말했다.

"잘하는 선수들을 파악하고 있으라는 거죠."

고어먼이 신중하게 대답했다.

"좋은 생각이야. 단 문제는 매일 기본적인 것만 되풀이하면 힘들 수가 있어. 우리는 잘하는 것을 찾을 만한 조건이 안 돼 있어. 우리 팀 코치들은 먼저 자주 실수하는 선수들을 파악하는 데 초점을 맞추어야 돼. 요점은 정상적인 것에서 벗어나는 예외적인 것들을 찾아내어 교정하자는 것이지. 큰 문제가 일어나기 전에 미리 문제점을 찾아내자는 말이야. 하지만 회사나 팀은 궁극적으로 잘못된 점에 매달리기보다 잘된 점을 늘려가야만 더 나아질 수 있어."

웨더바이가 말했다.

"이론상 아이들이 두 배로 잘하게 되면 잘못을 저지를 일은 없겠네요?"

고어먼이 물었다.

"그럴 수도 있겠지. 두 배로 잘하게 되면 간혹 잘못을 저질러도 그리 심각하지 않게 되지."

웨더바이가 짧게 이야기했다.

"잘된 점을 많이 얻기 위해서는 용기를 잃지 말고 끊임없이 시도해야겠네요? 일종의 동전 던지기와 같네요?"

낸튼이 물었다.

"맞는 말이야. 슈팅을 자주 해야지. 또한 긍정적인 면에 초점을 둬야 해. 다시 말해 득점으로 연결되지 못한 슈팅에 집착하지 말고 성공한 슈팅에 초점을 맞추란 말이네. 그리고 앞의 세 가지 비결이 팀 내에 항상 존재한다는 사실을 확신해야 해. 다시 말해 자주 포상하고 인정하라는 것이야."

웨더바이는 계속해서 말했다.

"또 한 가지가 있어. 긍정적인 면에 집중하게 되면 잘할 수 있는 습관을 기를 수 있어. 잘할 수 있다고 생각하며 정신을 집중하는 것이야말로 실제로 실수를 점차 줄이는 비결이야."

"우리는 팀원들의 행동이 팀의 목적·가치·목표·기술 향상과 팀 능력과 잘 맞도록 조율해야 한다는 사실을 깨달았습니다. 그러면 인정과 포상의 기준도 조금은 달라질 것 같은데요?"

앨런이 말했다.

"좋은 지적이야. 대개 사람들은 눈에 띄는 적극적인 행동을 보일 때 잘한다고 칭찬하는데 그건 잘못된 거야. 예를 들어 퍽이 자기에게 오지 않아도 자신의 자리를 잘 지키며 방어하는 것도 잘하는 것이지. 하지만 눈에 띄는 행동을 취할 필요가 없기 때문에 사람들은 그것이 팀에 얼마나 중요한지 망각하곤 하지. 그런 선수의 역할을 인정해 주는 게 아주 중요하지."

"협력할 때마다 모든 선수에 대해서 우리가 인정하고 포상을 한다면……."

고어먼이 말을 꺼냈다.

"우린 지금 우승컵을 향해 잘해 나가고 있어요."

웨더바이가 정리를 했다.

"포상과 인정은 중요한 거겠죠?"

앨런이 확인하듯 동의를 구했다.

"그 말로는 부족하지. 내가 말했듯이 그것은 앞의 세 가지 비결을 뒷받침해주지. 여러분은 신념을 가지고 개인과 팀의 지식과 기술에 경의를 표해야 해. 그리고 사람들이 개인적인 성과가 아니라 팀 성공에 집중할 수 있도록 활력의 불꽃을 만들어내야 해."

잠시 침묵이 흘렀다. 선수들은 준비 운동을 마치고 벤치 쪽으로 향했다.

"마지막 한 가지가 있어요, 웨더바이 선생님. 팀의 포부, 기술 향상, 팀 능력에 대해 찬사를 보내면 모두들 팀의 목표에 온 힘을 집중할 수 있지요. 그렇게 하면 잘못된 점을 수정하는 데 들여야 할 노력을 많이 줄일 수 있어요."

앨런이 덧붙여 말했다.

"당연하지. 사람들과 팀은 서로 칭찬을 하기도 하고, 또 실제 사고 방식이 일치하지 않아도 서로 격려해 줄 수 있어야 해. 래리가 적절한 예라고 볼 수 있지."

웨더바이가 말했다.

"선생님 말씀이 옳아요. 우리는 래리와 그의 부모에게 목표를 분명하게 제시해 주었죠. 거기에 래리의 행동을 교정하기 위해 주었던 표창장과 그의 새로운 목표가 부합되었던 것입니다."

고어먼이 대답했다.

"그게 효과가 있었다니 정말 놀랍지? 내게 학생들에게 줄 새 표창장이 있는데 아이들에게 보여줘도 괜찮을까?"

웨더바이가 제안을 했다.

"대찬성입니다. 하지만 표창장을 너무 남발하면 그 효과가 줄어들지 않을까요?"

낸튼이 질문했다.

"그보다 좋은 것은 어디에도 없어. 많을수록 좋네."

웨더바이의 손이 손가방으로 가더니 새로운 상장들을 꺼냈다.

"학생들의 이름을 여기에 적어 넣고 서명하게. 학생들은 어른이 되어도 여전히 이것들을 간직하고 있을 거야. 나는 학창시절 이어달리기 경주에서 3위를 해서 상을 받았지. 그 경주에는 세 팀밖에 참여하지 않았다네. 그러나 상의 효과는 놀라웠지."

"저도 학교 다닐 때 받은 휘장들을 서랍 가득히 채워두었어요. 거의 2주마다 표창을 받았을 거예요."

고어먼이 말했다.

"그러면 아이들이 협력했던 일을 찾아서 반복적으로 표창하고 칭찬하도록 합시다."

앨런이 제안했다.

코치들은 모든 경기와 연습 때마다 세 명씩을 선정했다. 가장 가치 있는 상은 단체정신상과 코치가 추천하는 선수상이었다. 선수들의 눈에는 광채가 나기 시작했고 수상 제도는 학생들 사이에서 가장 인기가 있었다.

앨런이 아이스하키 연습에 도움을 주기 시작하면서 고어먼과 낸튼과도 더욱더 조화를 이루었다. 웨더바이는 이 세 사람 모두에게 연습 시간 내내 빙상에 나가 있으라고 특별 지시를 내렸다. 웨더바이는 그들에게 부정적인 피드백은 하지 말라고 강조했다.

"낸튼, 당신은 그들이 발전할 수 있는 영역을 지정해주고 더 잘 할 수 있도록 도와줘. 그게 바로 당신의 임무야. 하지만 잔소리나 비난 같은 것은 하지 말게."

"저는 잔소리꾼인 걸요. 이 또래의 학생들은 심한 말을 들어야 뭔가를 하려고 하거든요."

낸튼이 말했다.

"학생들은 난폭하기도 하고 다투기를 좋아해. 가끔 우리도 사람들의 관심을 끌고 싶어하잖아. 우리가 관심을 가져야 할 것은 개인주의자인 아이들에게 팀 기술 그리고 팀 이론을 심어주는 것이지. 해양 수족관에 가본 적 있어, 낸튼?"

웨더바이가 물었다.

"그럼요."

"쇼 같은 것도 있지?"

"환상적이에요. 무엇이든지 멋지게 해내는 돌고래가 있어요! 돌고래는 조련사와 공놀이를 하면서 뜀뛰기까지 하던데요. 그 녀석은 심지어 수학 문제까지 풀어요."

"거기 있는 조련사들이 돌고래의 장점을 강조한다는 것도 알겠네?"

"말도 안 돼요."

"내 말 들어봐, 낸튼. 그러면 실수하는 돌고래 녀석을 죽이거나 물 속에 들어가서 이를 악물고 화풀이라도 할 건가?"

웨더바이는 계속해서 말했다.

"그건 아니죠."

낸튼이 말했다.

"해양 수족관 조련사들은 고래를 공중으로 솟구치게 하면서 장점을 칭찬해 주지. 마찬가지 방법으로 우리도 10살 난 소년들이 아주 훌륭하게 퍽을 골문에 꽂아 넣게 할 수 있어."

웨더바이의 견해에 대한 논쟁은 쉽게 끝나지 않았다. 결국 그들 셋은 빙상으로 나가서 실제 하고 있는 것과 구상하는 것이 조화를 이루는 선수를 찾아보기로 하였다.

연습이 끝나갈 무렵 세 사람의 수상자가 발표되었다. 수상자들이 놀라움을 금치 못하는 것을 본 앨런은 표창장이 일생 동안 간직할 보물로도 손색이 없다고 느꼈다.

선수들이 라커룸으로 향할 때 웨더바이는 코치들을 모두 불렀다.

"선수들이 연습하는 사이, 하이파이브 팀을 향한 네 가지 비결과 학생들에 관해 많이 생각해 보았네. 나는 수업 시간에 단어 맞추기와 약어 풀이 게임을 좋아했네. 기억하기 쉽기 때문이지. 아이스하키와 네 가지 비결 사이에도 적합한 약어가 있지. 여러분도 잘 활용하길 바라네. 바로 'PUCK(퍽)'이라는 단어야."

"어디 한번 들어보죠."

고어먼이 말했다.

"좋아. P는 제공한다(Providing)란 의미로 분명한 목적과 공유된 가치와 목표를 제공한다는 것을 말하네. U는 권장한다(Unleashing)로 기술을 향상시키고 권장한다는 것이지. C는 창조한다(Creating)로 팀 능력을 창조한다는 의미이지. 즉 우리 모두를 합친 것보다 현명한 사람은 아무도 없다는 말이야. K는 유지한다(Keeping)로서 긍정적인 면과 내가 만들어 낸 3R 방식, 즉 빈번한 포상과 인정으로 앞의 세 가지를 유지하고 강화시켜 주는 것이지."

"정확하게 들어맞네요."

낸튼이 말했다.

"선생님은 우승에 대해서는 한마디도 언급하지 않았어요. 선생님이 중요하게 생각하는 것은 개인적인 목표와 기술 그리고 개인적인 경험을 팀 기술과 지식으로 변환시키는 것이죠. 선생님이 말한 3R 방식조차도 개인적인 능력을 팀 능력으로 발전시키는 데 초점이 맞춰져 있구요."

앨런은 웨더바이를 집까지 모셔다 주면서 말했다.

"나도 말 좀 하게 해줘. 아니면 잠이라도 자게 해주든지. 그래, 자네 말이 맞아. 나는 아이들이 혼자서는 도저히 맛볼 수 없는 것들을 하이파이브 팀, 즉 훌륭한 팀의 일원이 되어 최고의 기량을 발휘하며 그 마력을 경험하길 바라네. 그 과정을 거치다 보면 그들은 몇몇 경기에서 승리하게 될 거야. 그리고 점차 하이파이브 팀이 되기 위한 네 가지 비결을 사용하지 않았던 때보다 훨씬 많은 경기에서 승리하게 될 거야. 승리는 좋은 것이지, 앨런. 하지만 승리는 위대한 팀에 저절로 따라오는 부산물에 불과하네. 내가 왜 우승에 대해 말하지 않았는지 이해가 되나?"

웨더바이는 중간에 앨런의 말을 끊고 이야기했다.

"나는 위대한 팀이 되기 위해서는 승리하는 게 중요하다고 봐요."

앨런이 반박했다.

"그럴 수도 있지. 하지만 승리하는 것이 전부라면 경기에서 지면 모든 게 소용이 없단 말인가? 그것은 아주 속좁은 생각이야, 앨런. 때로는 승리보다 더 중요한 게 있을 수 있지."

"그럼 경기에 이기지 못해도 여전히 훌륭한 팀이 될 수 있다는 말인가요?"

앨런은 이해할 수 없다는 듯이 말했다.

"물론이고 말고. 어떤 팀이 자신보다 기량이 월등한 팀과 맞붙어 훌륭한 경기를 펼쳤지만 졌다고 해보게. 그 팀이 승리가 전부라고 믿고 있다면 그 경기에서 얻을 게 하나도 없어. 반면에 승리를 하나의 요소로 바라보는 팀은 경기에 지더라도 여전히 분발하여 다시 연습에 몰두하겠지. 선수들은 하이파이브 팀처럼 박진감 있게 경기를 하고 개인적인 기술과 팀 기술, 그리고 지식을 강화하는 데 집중하게 되지. 그럼 질문한 가지 하지, 앨런. 두 팀 중 어느 팀이 패자일까? 또 한 가지. 어느 팀이 최후의 승자가 될까?"

"그거야 뻔하지 않습니까? 팀 기술과 지식에 초점을 두고 최고의 개인과 팀을 목표로 하는 팀이 경기의 승패와 상관없이 진정한 승리자죠."

앨런은 잠시 멈칫 하더니 대답했다.

"선생님 듣고 있어요?"

"그래."

"실수한 학생들에게 비난이나 꾸지람을 하기보다 칭찬을 해주고, 특히 잘한 일에 대해 칭찬을 곁들이면 정말 즐거운 일이 되겠군요."

앨런이 말했다.

"나는 그 기분을 잘 알고 있지. 그런 식으로 지도하면 한층 더 즐겁다는 것을 알고 있어. 내가 농구부를 지도하던 첫 해, 나는 고래고래 소리만 질러댔었지. 다른 코치들이 그렇게 하길래 나도 그랬었지. 내가 화를 내고 소리를 질러대면 여학생들이 집중하곤 했어. 그 방식이 합리적인 것처럼 보였어. 더 집중하게 하려면 더 심하게 화를 내고 더 크게 소리를 질러댔지."

"선생님이 그러셨다니 믿을 수가 없네요."

앨런이 말했다.

"그때 짜증부렸던 일은 떠올리고 싶지도 않아. 아무튼 사실이야."

"그럼 왜 변하신 거예요, 어떻게 해서 변하셨어요?"

"복도를 내려가는데 교장 선생님이 학생들에게 고래고래 고함을 지르고 있더라고. 학생들의 뺨을 꼬집으면서 머리를 흔들어댔지. 요즘에는 그런 일이 없겠지만, 40년 전에는 그랬지. 그전까지는 교장의 행동이 당연해 보였으나 갑자기 잘못된 일이라는 생각이 들더라고. 더구나 그렇게 하는 교장이 바보 같아 보였지. 나는 교장에게서 학생을 떼어내고는 그만 진정하고 교장실로 가자고 말씀드렸지."

"그래서 어떻게 됐어요?"

웨더바이가 침묵하자 앨런이 물었다.

"교장은 내게 고함을 질러대더군. 그래서 나는 교장에게 그의 모습이 얼마나 어리석은지 거울을 보여 드리겠다고 했지. 그는 '어리석다'는 말에 관심도 두지 않았지. 지금 생각해 보면 정말 우스운 일이지만 그때는 좀 감정적이었어. 그 일이 있은 후 그는 결국 은퇴하고 말았지."

웨더바이가 피식 웃으면서 말했다.

"그 사건은 내게 큰 충격을 주었어. 다시는 나 또한 그런 어리석은 짓을 하지 않겠다고 스스로 다짐했지. 그래서 나의 지도 철학을 바꾸기로 했어. 교실에서 화를 내거나 고함을 지르지 않자 편안해지더라구. 나는 항상 칭찬과 친절로 학생들을 가르쳤지. 그 변화를 계기로 코치로서 일하게 되었던 거야."

"선생님이 변하셔서 천만다행이에요."

앨런이 말했다.

"내일 아침 나는 이 모든 것을 몬테로 씨 회사에 가서 팔도록 하겠습니다. 그리고 내게 보수를 지불할 가치가 있다고 그들이 결정하면 그 보수의 반을 선생님께 드리겠습니다."

"앨런, 자네는 충분히 그럴 만한 가치가 있어. 내가 보증하건대 정말 명석하고 훌륭한 선생님이야. 자네는 완벽해. 하지만 나는 돈을 원하지 않아. 잭과 나는 아이도 없고 평생 쓰고도 남을 만한 돈도 벌었어."

"제 말은 그게 아닌데……."

앨런이 말문을 열었다.

"나도 알아. 나는 자네에게 팀워크를 설명하고 있어. 아직 나를 존경받을 만한 팀 동료로 여기지는 않겠지만 말이야."

"이미 팀 동료로 여기고 있어요."

앨런이 항변했다.

"결론을 말하자면 여태껏 자네나 고어먼, 낸튼에게 코치진들이 무엇을 해야할지, 심지어는 어떻게 해야하는지에 관해서 구체적으로 시시콜콜하게 관여하지 않았어. 코치진이 결정을 어떻게 내려야하는지에 관해서 아무런 지침을 제시해주지 않았다는 말이지. 나는 그저 중요한 몇 가지만 조언해주었을 뿐이야."

"우리는 이미 학생들과 함께 많은 지도를 받았습니다."

앨런은 웨더바이의 말을 감사하게 받아들이며 정중하게 말했다.

"내가 그렇게 한 데는 한 가지 이유가 있지. 자네가 나를 만나러 왔을 때 이번 리그에서 우승을 하겠다는 거의 불가능한 목표를 세웠었지. 내가 마음만 먹었다면 일일이 간섭하고 지시를 내렸을 거야. 하지만 농구부에서 했던 방식으로 코치진에게 6개월 이상 연수를 시키는 것은 달갑지 않았어. 그렇게 하면 학생들을 지도하는 것과 다를 게 없지. 학생들에게는 때로는 엄격한 지시도 필요하지."

잠시 침묵하던 웨더바이가 다시 말문을 열었다.

"심각한 상황이 발생했을 때는 특별한 지식과 기술을 겸비한 지도자가 지시를 내리는 것이 타당해. 하지만 지도자는 한 발 물러서서 팀이 능력을 발휘할 수 있도록 해 줄 때도 있어야지. 우리 코치진이 바로 그런 상태에 도달하고 있는 중이야. 우리는 아이들이 전략과 지시 사항에 대해 책임을 지도록 하려고 해. 성인들에게 적용했던 방식을 5학년 학생들에게 적용하기는 쉽지 않지. 학생들은 그것을 다룰 만한 경험과 대인관계 기술도 없어. 하지만 아이들이 그 방향으로 나아갈 수 있도록 우리가 지도해야 해."

차 속에서 앨런은 웨더바이가 한 말을 곰곰이 생각해 보았다.

"다음이 파크매너홈 단지입니다."

차도로 들어서면서 앨런이 말했다.

기립박수가 터져 나오다

앨런은 몬테로 씨 회사의 강연에 대비한 최종 점검을 했다. 그는 'P. U. C. K'이라는 약자가 아이스하키 팀의 선수들에게는 더할 나위 없이 좋은 것이지만 기업 발표용으로 딱 들어맞지 않을 수도 있다고 생각했다. 네 가지 비결을 새로운 청중에게 어떻게 적용할까 고심하던 중 'PERFORM(완수하다)'이란 단어가 생각났다. '완수하다'라는 뜻도 좋았지만 웨더바이로부터 전수받은 모든 것이 이 단어에 딱 들어맞았다. 임무를 훌륭히 완수해내는 팀, 하이파이브 팀의 특징을 잘 요약해 주고 있었다. 앨런은 새로 만든 약어를 살펴보면서 만족스러워했다.

홀륭한 팀의 부산물은 최적의 성과와 승리, 그리고 직원들의 높은 사기이다. 'P. E. R. F. O. R. M'은 구성원들이 팀의 일원이 되는 것에 대해 열광하고 있다는 것을 나타낸다. 홀륭한 성과와 높은 사기를 북돋기 위해서는 직원들에게 공유된 가치와 목표를 갖는 분명한 목적을 제공하고 마음껏 기술 향상을 하게 하며(임파워먼트와 유연성), 팀 능력을 창조하고 인간관계와 의사소통을 유지 강화하는 것(인정과 감사)이 필요하다.

앨런은 팀워크를 설명하기가 예상했던 것보다 훨씬 쉽고

| P | Purpose and values (목적과 가치)

| E | Empowerment (임파워먼트)

| R | Relationships and communications (인간관계와 의사소통)

| F | Flexibility (유연성)

| O | Optimal performance (최적의 생산성)

| R | Recognition and appreciation (인정과 감사)

| M | Morale (사기)

재미있다는 것을 알았다. 그는 '우리 모두를 합친 것만큼 현명한 사람은 없다' 란 말로 강연을 시작해서 다시 그 말로 강연을 마쳤다.

웨더바이가 예견했던 대로 앨런의 발표는 고무적이었다.

몬테로 사장은 기립 박수를 쳤다. 앨런은 그가 알고 있는 것 이상을 아는 체하지는 않았다. 그러나 자신이 알고 있던 것을 활용해 열정적으로 강의했다. 그는 요점마다 직장에서 겪은 이야기를 포함해서 일화를 곁들여 설명했다. 청중들이 가장 감명 깊게 들은 이야기는 리버밴드 전사 팀의 코치일 때 얻은 경험이었다.

"앨런, 정말 대단하던데요."

"선생이 전하는 말은 우리에게 꼭 필요한 것들입니다. 우리는 지금 새로운 여행을 하는 기분입니다. 여기 사례금이 있습니다. 특별 사례금을 더 준비했습니다. 내가 말한 액수의 두 배를 지불하겠습니다. 부담스러워하지 마십시오. 저는 지불하는 돈 이상을 얻었습니다."

몬테로 사장은 출구로 나오면서 말했다.

앨런은 더없이 행복했다. 그는 정말 바보처럼 입이 귀에 걸릴 정도로 웃었다. 그는 아내 수잔에게 돈을 보여주었다.

"아, 이제 당신이 새로운 직업을 찾으셨군요."

앨런의 새 직업은 그날 저녁 세 통의 전화로 시작되었다. 몬테로 사장은 로터리 클럽 오찬에 참석하여 앨런에 대한 찬사를 아끼지 않았다. 그는 앨런의 전화번호를 몇 사람에게 알려주었다. 그는 앨런에게 지불한 액수를 알려주면서 앨런이 더 유명해지기 전에 서둘러 그와 계약을 체결해두라고 사람들에게 권고했다.

앨런이 가게에 간 사이에 수잔이 첫 전화를 받았다. 그녀는 먼저 나서서 예약을 받았다. 앨런이 돌아오자 그녀는 그의 매니저가 되겠다고 했고 결국 다음 두 통의 전화도 그녀가 받았다.

다음 전화는 앨런의 전 직장 사장이었던 조지 버튼에게서 걸려 왔다. 버튼과는 그동안 연락을 취하지 않았었다. 수잔은 앨런의 명함을 만들어야겠다고 결심했으며 세 번째 전화가 왔을 때는 '앨런 성과 관리 연구소'라는 말을 생각해냈다.

"앨런 씨가 팀워크 전문가라고 들었는데요. 나는 팀워크 신봉자입니다. 몬테로 사장이 열광적으로 그를 칭찬하던데요. 앨런 선생이 우리 회사 '최우수 주간의 날'에 기조 연설을 해주셨으면 합니다."

조지 버튼 사장이 말했다.

수잔은 너무 충격을 받아 어떻게 해야 할지 몰랐지만 일단 예약을 받아두었다.

"이걸 못할 이유가 없지! 당연히 하고 싶지!"

아내가 전화를 끊은 후 앨런은 말했다.

"확답 서신, 강연료 협의 등 기본적인 계약이 필요해. 앨런이 바로 나라는 것을 알게 되면 그는 돈을 지불하지 않을지도 몰라."

"급할 것 없잖아요."

아내가 말했다.

"물론 그렇지. 나는 그 회사를 속속들이 알고 있지. 그리고 나는 이제 팀워크에 관한 것을 많이 알고 있잖아. 정말 큰 도움을 줄 수 있으리라 확신해."

다음날은 연습이 있는 목요일이었다. 늘 그렇듯이 그날 오후 앨런은 아들 데이비드를 데리러 학교로 갔다. 데이비드는 티모시에게 숙제를 전해줘야 한다고 말했다.

그는 아들을 태우고 티모시의 집에 잠깐 들리기로 했다. 문이 열렸다.

"안녕하세요, 앨런 아저씨. 안녕 데이비드. 숙제 맞지?"

"그래, 티모시. 집에 돌아와서 기뻐."

"이삼일 후면 학교에 갈 수 있을 것 같아."

"잘 됐다. 목발이 없어도 된다니 다행이다. 아빠는 집에 계시니?"

"아빠!"

티모시가 소리쳤다.

"앨런 선생님이 오셨어요. 데이비드, 숙모가 사주신 새 기차 보여줄까?"

티모시가 반가워하며 말했다.

티모시와 데이비드는 티모시 방으로 달려 갔다. 앨런은 버로우스에게 '버로우스 · 앨런 성과 관리 연구소'를 제안하기 위해 많은 시간 동안 얘기했다.

앨런은 드디어 동업자를 얻게 되었다. 버로우스는 회사 이름만 빼고 모든 것에 동의했다. 새로운 회사의 이름은 '앨런 · 버로우스 연구소'로 정해졌다.

5

자랑스러운 준우승

제드와 티모시의 복귀

목요일 경기는 대성공이었다.

선수들은 리그의 최상위 팀을 상대로 승리했다. 상대 팀에는 득점을 올리는 걸출한 두 선수가 있었다. 그러나 협동심이 없었으며, 철저히 계획을 세운 팀을 상대로 아무런 수비책도 마련하지 않았다. 거의 대등한 경기였으나 최종 결과는 리버밴드 전사 팀이 힐 사이드 팀을 상대로 5대 4로 승리했다.

웨더바이는 또 참석하지 않았으며 대신 제드의 아버지가 관중석에 있었다. 제드의 아버지를 보고 앨런, 고어먼, 낸튼 모두가 놀랐다.

"선생님들은 선수들과 함께 마법을 부리는 것 같아요. 어떻게 말썽꾸러기 선수들에게 협동심을 가르칠 수 있었죠? 정말 믿을 수가 없어요. 나는 제드가 이 팀에서 제외되지 않길 바랍니다. 아들 녀석은 화요일 연습에 꼭 갈 겁니다."

경기가 끝나자 제드의 아버지가 다가와서 말했다.

세 명의 코치진은 흥분을 감추지 못했다.

"우린 정말 해낸 겁니다. 특별한 경기 운영과 패스로요."

"제드가 잘 적응할 수 있을지 걱정하는 거죠, 그렇죠?"

고어먼이 걱정스런 표정의 앨런에게 물었다.

"잘 모르겠어요."

앨런은 당황했다.

"제드의 문제는 '골 욕심꾸러기'라는 것입니다. 다른 아이들에 비해 몸집도 크고 협조도 잘해요. 그런데 지속성이 없어요. 그는 우선 팀을 생각하는 선수가 돼야 해요. 그렇지 않으면 인생에서도 결코 성공할 수 없어요. 그가 이곳에 돌아와야 하는 것도 바로 그 이유 때문이죠. 이런 일은 학교 공부만큼이나 중요하죠."

제드 아버지의 뜻밖의 말에 모두 놀랐다.

"화요일에 제드가 오면 좋겠어요."

고어먼이 말했다.

"아들에게 변해야 된다는 것을 말하겠어요. 그리고 새로운 체제에 적응해야 된다는 것을 설명하겠습니다."

제드의 아버지가 단호한 표정으로 말했다.

앨런이 경기 결과와 제드의 복귀를 알리기 위해 웨더바이에게 전화했다.

"일주일 정도 지나면 제드도 괜찮아질 거야. 무엇보다도 아버지의 도움이 제드에게 큰 힘을 줄 거야."

그녀가 말했다.

"시간이 지나면 괜찮아진다는 말인가요?"

앨런이 물었다.

"그래. 연습이나 경기에서 그가 득점하도록 우리가 돕는다면 제드도 잘해낼 거야. 제드가 우리가 구상 중인 목적과 기술, 그리고 공동의 조화를 이루어내도록 하려면 빈번한 포상과 칭찬을 잔뜩 준비해야지."

웨더바이가 옳았다. 제드는 연습 기간 동안 협동심을 배우게 된 것을 기뻐했다. 선수들은 제드가 돌아온 것을 보고 흥분했다. 코치진은 그에게 긍정적인 피드백을 많이 해주었다. 제드는 다른 선수들과 호흡을 맞추기 위해 열심히 노력했다. 제드는 그날 코치진이 추천한 수상자가 되었다. 그는 자발적으로 패스하며 조직 플레이를 펼친 것에 대해 수상 발표에서 큰 칭찬을 받았다.

"제드는 정확하게 적응하고 있어. 그 아이는 우리 팀 수준을 높여주고 다른 팀과 당당히 겨룰 수 있게 해줄 거야. 토요일을 기대하게. 우리 팀은 하이파이브 팀이 될 거야."

집으로 가면서 웨더바이가 말했다.

"팀을 우선으로 생각하고, 고도의 임무 완수 능력을 갖춘 사람은 다른 팀원의 수준을 끌어올려 줄 거야. 그 팀의 운영은 몰라보게 향상될 거야."

웨더바이는 자신의 생각을 밝힌 후 곧바로 잠이 들었다.

이틀 후 목요일 연습을 마치고 귀가하던 중 앨런은 웨더바이가 토요일 경기에 참석할 것인지 물었다. 웨더바이는 그녀가 왜 경기에 참가하지 않는지 처음으로 말해 주었다.

"토요일은 춤추는 날이잖아. 우리는 음악을 연주하고 춤을 추거든. 그 후에 뜨거운 코코아차를 마시고 케이크를 먹지. 내가 십대 시절에 추던 춤과 별로 다를 것이 없어. 심지어 음악도 똑같더라고. 우리에게는 토요일 밤이 그렇게 많이 남지 않았어. 매주 토요일 밤이 소중해."

앨런은 손을 내밀어 웨더바이의 손을 살며시 잡았다.

그 시간 티모시도 잠들지 않았다. 그는 어두운 방의 창가에 앉아 밤하늘을 쳐다보면서 어머니와 진지하게 대화를 나누고 있었다. 그는 불의의 사고에서 살아났다. 의사가 내년쯤에는 다시 운동할 수 있다고 했지만 당분간 아이스하키를 못하게 된 것이 아쉬웠다.

"엄마, 모든 것이 변했어요. 사고 후에 웨더바이 선생님이 앨런 코치를 돕고 있어요. 내가 그 분에 관해서 말씀드린 적이 있는데 기억하세요? 두 분이 모든 것을 바꾸고 있어요. 그리고 모두 점점 좋아지고 있는데 나만 뒤쳐지지 않을까 염려돼요."

잠시 침묵이 흘렀다.

"엄마, 안녕히 주무세요."

티모시는 어두운 밤하늘을 향해 키스를 하고는 잠자리에 들었다.

웨더바이가 앨런과 함께 파크매너홈 집의 현관을 올라갔다.

"한 가지 결론짓지 못한 것이 있어, 앨런. 티모시는 외로워하고 있어. 그의 아버지와 함께 동업하기로 했다며? 식당 일을 그만 두려면 몇 개월 정도 있어야 된다고 했지? 그때까지 티모시는 집에 혼자 있을 테고… 그는 우리 팀원이야. 우리가 책임져야지."

그녀는 춤추는 토요일 밤 얘기를 한 이후 처음으로 말문을 열었다.

"우리가 어떻게 해야 하죠?"

앨런이 말했다.

"누가 그의 주치의지?"

"주치의를 본 적은 없는데 이름이 낸시 캔터라고 하더군요."

"낸시 캔터라고! 내가 낸시 캔터를 가르쳤는데. 아, 이럴 수가!"

정말 그녀가 가르쳤던 낸시 캔터였다.

"보험으로는 치료비를 감당할 수 없어요. 그리고 하루하루 먹고 살기도 힘들다는 것도 알고 있어요. 특별 제작한 머리 보호 장비와 목 보호대는 최소 2500달러나 됩니다. 돈이 있으면 아들이 다시 운동할 수 있다는 것도 모른 채 아버지는 슬퍼하기만 하죠."

앨런이 안타까운 표정으로 말했다.

"그럼 그 학생이 머리 보호 장구와 목 보호대를 하면 안전

하다는 건가? 확실해?"

"확실한 것은 아무 것도 없어요. 하지만 장비만 있으면 그런 정도의 상해를 견뎌내고 다시 선수가 될 가능성은 충분합니다. 그의 아버지에게 치료비가 없다는 것이 너무 유감이네요."

하지만 웨더바이가 해냈다. 두 시간 후 낸시 캔터는 티모시의 아버지에게 전화를 했다. 그리고 아들이 머리 보호 장비와 목 보호대를 무료로 제공받을 수 있는 특별 장학금을 받게 되었다고 알려주었다. 티모시는 다음 주부터 팀 연습에 참가하게 되었고 다음 주 토요일 경기에 출전하기로 했다.

캔터 의사가 활동하고 있는 장학 재단에서 새 스케이트, 새 스틱, 어깨 보호대, 무릎 보호대, 팔꿈치용 패드를 제공해 주었다. 티모시는 낸시 캔터에게 감사의 편지를 썼고 그녀는 그가 잘 되기를 바란다는 장학 재단 이사장 명의의 답장을 썼다.

스케이트를 신은 티모시는 새로운 장비에 감탄을 금치 못했다.

"우연의 일치일까요? 나는 선생님에게 낸시 캔터의 이름을 꺼냈고 다음날 그녀는 가장 멋진 장학 제도가 있다고 티모시의 아버지에게 전화로 알려주었습니다."

앨런이 웨더바이를 향해 말했다.

웨더바이는 그냥 미소만 지었다.

"선생님은 정말 대단해요. 한번은 고어먼이 내게 와서 선생님께 자녀가 있냐고 물었어요. 내가 알고 있는 어느 누구보다도 자녀들이 많다고 말해 주었죠."

앨런이 조용히 말했다.

그 순간 고어먼 코치의 호루라기 소리가 울려 퍼졌다. 코치들과 학생들은 함께 빙상으로 나가서 연습을 시작했다. 제드와 티모시도 복귀했다. 리버밴드 전사 팀은 이제 하이파이브 팀이 될 만반의 준비를 갖추어 가고 있었다.

숨막히는 승부

'리버밴드 전사' 팀의 응원구호를 들은 다른 팀의 코치진들은 고어먼, 낸튼, 앨런에게 서슴지 않고 조롱을 해댔다. 상대 팀은 리버밴드 선수들을 비웃었다. 왜 그렇지 않겠는가? 아무도 이 만년 하위 팀이 리그 우승컵을 향한 잠재적인 경쟁자라고 생각하지 않았다.

시즌 중반이 되자 조롱과 놀림은 완전히 사라졌다. 시즌이 끝나갈 무렵 다른 팀들은 다음 경기에서 '리버밴드'를 상대해야 된다는 것을 알고 한숨을 푹푹 쉬게 되었다. 상대편 코치진들은 고어먼, 낸튼, 앨런에게서 조언을 구하기에 급급했다. 리버밴드의 관계자들은 자신의 성공이 요양원에 있는 여성 덕분이라고 공식적으로 밝혔다. 그러나 사람들은 리버밴드의 성공을 돕고 있는 사람을 감추기 위해 정교하게 꾸며낸 이야기라고 결론지었다.

리버밴드 전사 팀과 더불어 만년 하위에 머물렀던 샌디 포인트 팀의 버드 벤슨 코치는 리버밴드 팀의 연습을 빠짐없이 지켜보았다.

"안녕, 고어먼. 목요일에 연습이 있다는 것을 알고 잠깐 인사나 하려고 들렀지."

"잘 왔어, 버드. 우리를 돕고 계신 분을 보여줄 기회군. 웨더바이 선생님!"

버드가 염탐하러 온 줄도 모르고 고어먼이 말했다.

"햄버거 좀 드세요? 애들이 항상 내게 햄버거를 사다줘요."

웨더바이는 그녀답지 않게 인사하기를 머뭇거리다가 버드의 얼굴을 향해 말했다. 그녀는 자리에 앉더니 코트의 단추를 따기 시작했다. 고어먼과 버드를 아랑곳하지 않고 그녀는 혼자 중얼거렸다.

버드는 웨더바이를 힐끗 쳐다보고는 그 자리를 떠났다.

곁눈질로 버드가 떠나는 것을 확인한 그녀는 환한 미소를 지으며 고어먼을 올려다보았다.

"지금 뭐하시는 거예요?"

고어먼이 말했다.

"내가 너무 했나? 버드가 왜 근처에 자주 나타나는지 정말 모르겠나? 자, 이제 그만하고 학생들이 토요일 경기에서 또 헹가래를 칠 수 있도록 해주자고."

웨더바이는 함박웃음을 터뜨렸다.

버드는 집에 와서 다른 코치들에게 전화를 했다. 그들과 하는 통화는 한결같이 똑같았다.

"리버밴드 팀은 비밀을 은폐하기 위해서 요양원에서 나온 노파까지 고용하고 있어요."

웨더바이는 첫 경기 이후 처음으로 경기장에 나타났다. 그러나 그녀는 코치들과 함께 앉지 않았다. 그녀는 잭과 함께 있었다. 선수 벤치 바로 뒤에 따로 두 좌석이 마련되었다. 이 경기의 승자가 우승컵을 갖게 되는 최종 결승전이었다. 경기장은 꽉 찼다. 리버밴드 팀은 우승컵을 향해 나아갔다. 30분간의 아이스하키 경기는 10분씩 3회전으로 치러 승자를 결정하게 된다.

처음으로 신문 기자, 텔레비전 방송국 관계자들이 참석했다. 꼴찌에서 도약한 리버밴드 팀의 변신은 스포츠 아나운서와 작가들에게 인간적 흥미를 유발하는 이야깃거리였다.

응원구호가 우렁차게 울려 퍼졌다.

"펌 님, 캣 님, 티모시에게 약속하자!

키모, 카이모, 데라, 스탬프스, 우승은 리버밴드의 것!

웨어라, 테어라, 타니 글림, 리버밴드는 하이파이브 팀!"

"웨더바이 선생님. 우리가 승리할 수 있을까요?"

앨런은 선수 대기석과 웨더바이 자리 사이에 있는 나무 난간에 등을 기대면서 물었다.

"우린 이미 우승했어. 우리 선수들은 하이파이브 팀의 일원이 되는 마력을 경험했어. 그것은 저들이 평생 잊지 못할 교훈이지."

웨더바이가 말했다.

"바로 그거였군요."

앨런은 잭을 돌아보며 물었다.

"잭, 즐거우신가요?"

"최고야. 아이스하키 경기는 정말 오랜만이네."

잭은 뜨거운 초콜릿이 담긴 1회용 컵을 들어올리면서 웃음을 지어 보였다.

앨런은 웨더바이가 잭의 손을 잡으면서 눈물을 흘리는 것을 못 본 체하며 경기장으로 눈을 돌렸다.

선수들이 준비 운동을 하면서 스케이트를 타고 있을 때 앨런은 위치 선정에 집중했다. 그는 최종 결과를 정확하게 예측하기 위해서는 상대 팀 코치를 잘 관찰해야 한다는 것을 알고 있었다. 상대 팀 코치들이 소리를 크게 지르면 지를수록, 점점 더 많은 지시를 내릴수록, 실수에 대해서 점점 더 꾸짖을수록 리버밴드 팀이 승리할 확률은 높아진다.

하지만 오늘은 작전 지시가 별로 좋지 못했다. 메도우랜드 선더젯 팀은 앨런, 고어먼, 낸튼에 버금가는 코치진을 보유하고 있었으며, 협동심을 강조하는 팀이었다. 경기 시작 전 메도우랜드 팀의 패스터낵 수석 코치는 리버밴드 팀의 라커룸으로 와서 고어먼에게 다음과 같은 제안을 했다.

"리버밴드 팀은 팀워크의 신봉자이며 또한 대단한 성공을 거두고 있다는 것을 잘 알고 있어요. 우리 팀도 그 절반은 해낼 수 있기를 희망합니다. 한 가지 제안을 하고 싶어요. 경기 전후에 선수들이 경기장 한 가운데서 스케이트를 신은 채로 서로 악수를 할 수 있게 합시다."

고어먼은 이 제안을 즉시 수락했다.

각 팀은 간단한 작전 회의를 마쳤다. 앨런은 고어먼, 낸튼과 함께 경기장 중앙으로 나갔다. 코치진들은 자기 팀 선수들이 스케이트를 신은 채 악수하도록 유도했다. 잠시 후에 두 팀은 나란히 정렬했다. 이어서 스케이트를 타면서 승리를 다짐하는 악수를 했다. 경기장으로 막 들어온 심판진들은 그 광경을 보고 깜짝 놀랐다.

"축하합니다! 이 빙상 경기장에 스포츠 정신이 부활한 것을 보니 대단히 기쁘군요."

주심이 코치진에 다가와서 경기장에 있는 모든 사람들이 들을 수 있을 정도의 큰 소리로 외쳤다.

잠시 후에 메도우랜드 선더젯 팀은 빙판 위를 치면서 준비운동을 시작했고, 코치들은 벤치에서 큰 소리로 격려와 칭찬을 하고 있었다.

리버밴드 전사와 메도우랜드 선더젯은 이번 시즌 처음으로 경기장에서 만났다. 두 팀의 경기는 팽팽한 접전이었다. 1회전이 끝났을 때 서로 한 골씩을 주고 받았다. 2회전에서 리버밴드 팀이 2대 1로 앞서 나갔다. 그러나 3회전에서 다시 3대 3 동점이 되었다.

연장전에 들어가서도 두 팀의 점수에는 변화가 없었다. 두 팀의 선수들은 완전히 기진맥진했다.

"이런 상황을 맞아보기는 처음입니다. 리그 규칙에는 연장전에 들어가서도 승부가 나지 않을 경우에는 정규 시즌에서 득점이 가장 많고 실점이 가장 적은 팀에게 우승이 돌아가도록 되어 있습니다."

선수들이 자기 진영으로 돌아갔을 때 주심이 양 팀 코치들을 중앙으로 불러놓고 말했다.

코치들은 자기 팀의 기록을 잘 알고 있었다. 리버밴드 팀의 실점이 두 골 많았다. 그러면 메도우랜드 팀이 우승컵을 안게 된다. 리버밴드 전사 팀은 준우승을 차지할 것이다.

고어먼은 선수들에게 나쁜 소식을 전해야 하는 슬픈 일을 떠맡았다.

고어먼이 벤치로 돌아오자 팀원은 결과를 듣기 위해 그의 주위로 몰려들었다.

"재차 연장전을 할 수 없게 되었다. 우승컵은 정규 시즌에서 가장 많은 득점과 가장 적은 실점을 기록한 팀이 가지게 된다."

고어먼은 소식을 전하면서 선수들의 표정을 읽을 수 있었다. 정말 열심히 뛰었지만 거의 우승컵에 근접했다 놓쳐 버린 것이다.

"하지만 우리는 패배하지 않았어! 그래도 지역 우승은 했어. 우리는 패하지 않고 준우승을 한 거야."

티모시가 외쳤다. 갑자기 팀원들도 열정적으로 합세했다. 그들이 승리했다고 선수들은 스틱을 치며 헬멧과 글러브를 공중으로 던졌다. 코치들은 몇 분 정도 지나고 나서야 간신히 팀을 정렬시켰고 서로 악수할 수 있었다.

경기가 끝난 후 리버밴드 전사 팀은 잭과 웨더바이를 따라 맥도날드로 향했다.

"잭은 3회전 중반까지 졸고 있었지."

웨더바이가 앨런에게 말했다.

"하지만 지금 저 분을 보세요. 저렇게 말짱한데요?"

잭은 두 테이블에 걸쳐 앉아 아이들과 이야기를 나누고 있었다.

"그렇지? 잭의 활기찬 모습을 보니 내가 아이들에게 충분한 격려를 해주지 못한 건 아닌가 하는 생각이 드는군."

"별말씀을요. 선생님, 수상식 만찬회에 오실 거죠? 2주 후 금요일이에요."

"당연히 가야지. 근데 그 날은 자네가 전에 근무하던 직장에서 강연하는 날이 아닌가?"

웨더바이가 물었다.

"2시에 만나요. 같은 날 같은 시간에 일정이 겹쳐서 그 회사에 못 갈 것 같아요."

"조지 버튼은 자네가 돌아오길 바라고 있어. 만약 그렇지 않다면 그 사람이 바보지. 만찬회에는 꼭 가도록 하지."

넓게 생각하고 당당하게 행동하라

만찬회가 있던 날 앨런 한 사람만 빼고는 모두 참석했다. 결승전이 열린 지 2주 뒤였다. 앨런은 웨더바이의 충고에 따라 전에 다니던 회사에서 강연을 하기로 결정했다. 강연을 하기 전에 앨런은 연구소에 잠시 들렀다.

'앨런·버로우스 성과 관리 연구소'는 조그만 사무실을 임대했다. 앨런이 사무실에 돌아왔을 때 버로우스는 이미 커피를 끓이고 있었다. 앨런의 일을 도와주고 싶은 욕구가 대단했던 버로우스는 예상했던 것보다 빨리 연구소에 합류했다.

대기업에서 인적 자원부 부장으로 있었던 버로우스의 경험은 정말 소중한 것이었다. 앨런에게는 버로우스가 큰 힘이 되었다. 마음을 가라앉힌 앨런은 그날 강의할 'P. U. C. K' 이라는 단어를 머리 속으로 정리했다.

첫째, 제공한다(Providing)는 자신의 이기심을 헌신적인 협동심으로 바꾸고자 하는 팀 동료들에게 명분을 부여해주는 선언이다. 가치와 목표를 가지고 분명한 목적 의식을 제공하는 것이다.

둘째, 권장하다(Unleashing)는 기술을 향상시키고 권장하는 것이다. 개인적인 기술을 지속적으로 만들어나가면서 전체적인 기술을 강화시켜준다. 고도로 숙련된 선수가 방출되어도 팀은 이미 개인적인 기술을 초월하여 전체적인 기술 수준을 높였기 때문에 계속해서 상위에 있게 된다. 팀 기술은 개인적인 기술의 총합보다 월등하다. 앨런은 팀에서 가장 기술이 좋은 선수인 제드가 중요한 경기에 출전하지 못한 3주 동안 이것을 경험했다. 제드가 경기에 출전하지 못했으나 팀은 탁월한 상대 팀에 승리했다. 아이들은 흩어지지 않고 힘을 합쳐 수비하고, 패스하고, 퍽을 잘 끌고 다니면서 경기에 임했다.

셋째, 창조한다(Creating)는 팀 능력을 창조하는 것이다. '우리 모두를 합친 것보다 현명한 사람은 아무도 없다' 라는 말은 팀에 전환점이 되었다. 앨런은 공동의 조화라는 문구를 좋아했다. 또한 학생들은 앨런 코치의 의도를 정확히 알고 있었다. 아무리 최상의 팀이라도 조화를 이루지 못한다면 이길 수 없다는 것을 아이들도 인식하고 있었다. 다른 팀들은 외적으로 더 커보이고 숙련된 선수도 많았지만 협동심은 거의 없었다.

넷째, 유지한다(Keeping)는 장점을 유지하고 강화시켜주는 것이다. 바로 웨더바이의 3R 방식, 즉 빈번한 포상과 인정을 말한다. 이것은 다른 세 가지 비결의 연결 고리 역할을 한다. '사람들은 칭찬받을 만한 일을 반복한다'는 웨더바이의 지혜는 5학년 아이들에게도 잘 적용된다는 것이 증명되었다. 칭찬을 들으면 더 잘하려고 하며, 환한 웃음과 헌신으로 답례하게 된다.

"말하고 싶은 게 있어요. 나는 걱정이 돼요. 조지 버튼 사장이 나를 보면 기절할지도 몰라요."

웨더바이로부터 배운 능력을 확신하면서도 불안을 떨치지 못한 앨런이 동업자인 버로우스에게 고백했다.

"최악의 상황이야 일어나겠어요? 버튼이 설마 다시 내쫓진 않겠지요. 일단 부딪혀 보세요. 넓게 생각하고, 대담하고 당당하게 행동해야 합니다."

동업자 버로우스가 앨런을 격려했다. 그날 오후 사기를 북돋우기 위해 버로우스는 앨런을 따라갔다.

"뭐라고 중얼거리는 거죠?"

버로우스는 회사 정문을 들어서며 물었다.

"아까 해준 충고를 생각하는 중이에요. 넓게 생각하고, 대담하고 당당하게 행동해야 한다는 말."

앨런이 기도하듯 말했다.

다행스럽게도 버튼 사장은 정문에 나와 있지 않았다. 앨런이 퇴직한 후 새로 입사한 앨리슨 프레스톤이 그를 반갑게 맞이했다. 사장은 조금 있으면 온다고 했다.

앨리슨은 앨런을 거창하게 소개했다. 사장이 직접 작성한 인사말이라며 소개를 시작한 그녀의 말이 끝나자 청중들은 숨이 멎은 것처럼 침묵했다. 앨런이 연단 중앙으로 나갈 때까지 침묵은 계속되었다.

"안녕하세요, 옛 동료 여러분. 다시 돌아오게 되어 기쁩니다. 방금 소개를 받았던 것처럼 여러분을 떠난 이후 저는 새로운 일을 시작하였습니다."

앨런은 당당하게 강의를 시작했다. 바로 그때 버튼 사장이 강당의 뒷문으로 들어섰다. 그는 잠시 말을 중단했다. 청중들은 무슨 일로 앨런이 갑자기 강연을 중단했는지 알기 위해 고개를 돌려 쳐다보았다. 그들이 본 것은 말없이 서 있는 사장이었다.

"오늘 강연을 시작하기 전에 버튼 사장님에 대해서 몇 마디 하겠습니다."

앨런의 목소리가 청중들에게 울려퍼지자 그들은 일제히 사장을 다시 쳐다보았다.

700명의 사원들이 모두 긴장하는 것 같았다.

"나는 지난 몇 개월 동안 여러 회사와 단체들을 방문할 기회를 얻었고 많은 사장들을 만나 그들을 평가할 기회를 가졌습니다."

앨런이 이야기를 시작하자 청중들은 폭탄 선언을 기대하듯이 의자 앞으로 몸을 숙였다.

"이 회사가 버튼 사장님에 의해서 움직이는 것은 대단한 행운입니다. 저분은 열정적이고, 의욕적이고 야망이 있습니다. 없애야 할 죽은 가지를 베어내는 대단한 배짱도 가지고 있습니다. 죽은 가지란 저분이 이 회사에 오기 훨씬 전에 있던 사람들을 말합니다. 죽은 가지를 잘라낸 나무는 더 싱싱해집니다. 하지만 가끔은 죽은 가지도 도움을 줄 때가 있습니다. 저의 할머니께서는 애팔루사 나무에 관해 말씀하신 적이 있습니다. 이 나무에서 떨어진 가지는 뿌리가 되고 곧 생기가 돌아 새 나무를 싹 틔운다고 합니다."

앨런은 잠시 말을 멈추고 청중을 한 번 쳐다보았다.

"저는 분명히 애팔루사 나무의 가지입니다."

그가 당당하게 말했다.

강당 뒤편에서 열정적인 박수 소리가 들려왔다. 청중은 다시 고개를 돌렸다. 버튼 사장이 박수를 치고 있었다. 다른 사람들도 우레와 같은 환호로 박수를 치기 시작했다.

"선생님도 그가 말하는 것을 들었으면 좋았을 텐데요."

버로우스는 저녁 만찬회에서 웨더바이에게 말했다.

"앨런은 환상적인 강연을 했어요. 전에 앨런을 해고했던 버튼 사장은 그가 강연을 마쳤을 때 기립 박수를 유도했어요. 사장은 앨런이 다시 회사로 돌아오길 바라고 있어요."

"돌아가지 않을 거지, 그렇지?"

웨더바이는 앨런을 향해 말했다.

"그 반대죠."

"정말이야?"

웨더바이가 목소리를 높였다.

"미안해요. 하지만 놓치기 아까운 기회인데……."

"내 말 좀 들어봐, 앨런. 나는 자네가 아무 계약서에나 서명하지 않았길 바라네."

웨더바이는 화난 눈으로 앨런을 쳐다보았다.

"지금까지는 그랬죠. 그러나 앞으로는 아니예요. 이것은 대단한 계약입니다. 버로우스와 저는 내년부터 2주에 한 번씩 그 회사에 가기로 되어 있는데 보수가 엄청나요."

앨런이 계속해서 말했다.

"제 마음을 아시겠죠?"

그는 웨더바이에게 씩 웃으며 말했다.

웨더바이도 찬성한다는 의미로 앨런에게 환한 미소를 보냈다.

그날 저녁의 절정은 수상식이었다. 리버밴드 전사 선수들은 자신의 이름이 불리면 앞으로 나갔다. 각 선수마다 자신의 이름이 새겨 있고 빨간 줄이 달려 있는 은메달을 목에 걸었으며 코치들도 메달을 수여받았다. 웨더바이가 메달을 받는 순간 가장 큰 갈채가 터져 나왔다.

샌디 포인트 팀의 버드 벤슨 코치는 너무 충격을 받아 박수조차 칠 수 없었다. 그는 리버밴드 팀이 연습할 때 가만히 앉아서 단추를 잡아당기고 있는 웨더바이를 본 적이 있었다.

웨더바이는 자리로 돌아가면서 버드가 앉아 있는 곳을 지나치며 활짝 웃는 표정으로 눈인사를 했다.

그날 밤 만찬은 빨리 끝났다. 앨런은 늘 그랬듯이 웨더바이와 잭을 태우고 집으로 가던 중 연구소 이름을 '웨더바이 · 앨런 · 버로우스'로 하면 훨씬 좋을 것 같다고 제안했다.

"선생님은 일주일에 하루나 이틀 정도만 와주시면 됩니다. 물론 제가 모시러 가죠."

앨런은 조심스럽게 이야기했다.

"안 돼. 나는 그 제안에 동의할 수 없어. 하지만 '앨런 · 버로우스 · 웨더바이'라면 수락하지."

티모시는 아버지 버로우스와 함께 차를 타고 갔다.

"괜찮으시면 집으로 갈 때 시내를 벗어나고 싶어요. '제한속도 6km 도로'를 지나서요."

차에 타면서 그는 아버지에게 특별히 부탁을 했다.

"좋아. 그런데 왜 교외로 나가려는 거니?"

"옥수수 밭을 보면 우리가 살던 곳이 생각나요."

"엄마는 생각 안 나니?"

긴 침묵이 흘렀다.

"맞아요. 엄마도요."

티모시가 말했다.

"근데 벌써 어두워지고 있어. 내일 가면 안 되니?"

"오늘밤 가고 싶어요. 어두워도 상관없어요."

잠시 후에 그들은 '제한 속도 6km 도로'를 지나 국도 508번 경계선 지역에 도착했다.

"잠시 여기 세워주실래요? 이제 혼자 가고 싶어요."

티모시의 아버지는 무슨 영문인지 몰랐지만 중요한 일이라고 느꼈다. 그는 자갈이 깔린 갓길에 차를 세웠다.

봄날 시원한 밤 공기 속으로 내린 티모시는 옥수수 밭으로 천천히 들어가더니 곧 뛰기 시작했다. 구름이 달을 완전히 가려 칠흑 같이 어두웠다. 아버지는 아들이 시야에서 사라지자 차에서 내렸다. 구름이 흩어지고 밝은 달이 티모시를 비춰주고 있었다. 아버지는 아들을 발견하고서야 다시 차로 돌아와 앉았다.

"엄마 고마워."

티모시는 달빛을 향해 속삭였다.

"아이스하키를 하게 돼서 기뻐요. 그리고 엄마, 이거 알아요? 내년에 우리 팀은 진정한 하이파이브 팀이 될 거예요. 우리가 우승컵을 안게 될 거예요."

티모시는 마치 엄마에게 보여주는 것처럼 그의 목에 걸려 있는 은메달을 쳐들었다.

"엄마, 이것 좀 보세요. 정말 근사하죠? 엄마에게 바칠게요."

티모시 알버트 버로우스
리버밴드 전사 팀 선수

팀원들과 함께 숨쉬는 하이파이브 팀

『하이파이브』는 지금까지 출판된 그 어떤 책보다 훨씬 좋은 책이라고 확신한다. 하지만 이 책이 우리에게 개인적인 것으로 다가온다면 한번 시각을 바꿔볼 필요가 있다.

우선 다양한 시각을 종합해보는 것이 중요한 일이다. 협동심의 마력이 있는 곳에서는 개인적인 좌절이나 심지어는 고통이 수반되게 마련이다. 생산적인 하이파이브 팀의 일원이 된다는 것은 여러분의 개인적이면서 독특한 시각과 뛰어난 소질만을 신장시킨다는 의미가 아니다. 그러면 다른 사람들의 뛰어난 소질은 없어지고 만다. 사실 여러분이 다른 사람들의 소질을 터득하고 있는 동안 그들 또한 여러분의 소질을 배우고 있다!

여러분이 하이파이브 팀의 일원이 되면 기꺼이 어떤 손실을 감수할 각오가 되어 있어야 한다. 여러분의 생각을 위해 확실하게 노력하라. 다른 사람들을 설득하려고 하라. 하지만 그들이 여러분의 생각을 살 수 없거나 사지 않는다면 잠시 여유를 가지고 기다려라. 또 다른 계획, 또 다른 팀을 한번 더 구하라. 결국 여러분은 훌륭한 팀을 만날 수 있을 것이다.

그리고 여러분의 자아를 끊임없이 찾아라. 팀의 의지가 우선이라는 것을 배우는 것은 가장 멋진 경험이다. 그것은 높은 성과를 거두고 헌신적인 겅호!(Gung Ho!) 팀과 하이파이브 팀의 일원이 되는 것이다.

이 책을 쓰면서 진정한 팀을 경험하게 되었다. 우리들 각자는 각 페이지·단락·문장에 대한 전반적인 책임뿐만 아니라 특수한 책임을 부여받았다. 우리가 팀을 창조하면서 배웠던 것들을 여러분이 이 책을 통해서 터득하게 되길 바란다. 또 이 책을 쓰면서 우리가 누렸던 즐거움을 여러분이 이 책을 읽으면서 누리게 되길 바란다. 우리 팀이 지닌 훌륭한 경험의 절반 정도를 여러분 조직 내에서 만들어질 다음 팀이 경험하게 된다면, 분명 하이파이브 계획안을 성공시킬 수 있다고 확신한다.

"우리 모두를 합친 것보다 현명한 사람은 아무도 없다!"

『하이파이브』공동 저술 팀

켄 블랜차드·셀든 보울즈·돈 커루·유니스 파리시-커루

하이파이브 팀의 4가지 비결

하이파이브 팀의 성공 비결은 아이스하키 공을 뜻하는 'PUCK(퍽)'이라는 말로 비유할 수 있다. 팀워크를 실천하는 데 있어 'PUCK'이라는 단어를 항상 기억하고 실천에 옮기도록 노력하자.

Providing 분명한 목적과 가치 제공

참여 이유 부여

- 도전 정신, 존재 이유, 사람들을 일할 수 있게 하는 '성배'를 만들어라.
- 개인과 집단 모두를 위해 분명하고도 강력한 목표와 전략을 세워라.
- 여러분의 가치를 분명하게 하라.
- 팀 헌장을 만들어서 각자의 임무를 도식화하고 팀이 무엇을 성취해야 하는가를 분명하게 보여주며, 왜 그것이 중요하고 팀이 목표 성취를 위해 어떻게 협력해야 하는지를 보여주어라.

Unleashing 기술 향상과 권장

능력의 강화

- 기본부터 시작하라. 팀 기술을 뒷받침하는 개인적인 기술을 개발하라.
- 기술, 자신감, 성과에 대한 책임을 구축하기 위해 피드백을 실시하라.
- 각자의 역할을 터득하라.
- 특별한 결과를 얻기 위해 여러분의 개인적인 기술과 공동의 기술을 사용하며 개인적인 느낌과 응집력을 구축하라.

Creating 팀 능력 창조

공동의 조화

- 팀을 위한 계획을 세우고 그것을 고수하라.
- 통솔력을 공유하라.
- 협동심에 대해 포상하라.
- 유연성을 갖기 위해 서로 위치를 바꾸도록 하라. 변화를 시도하라. 그리고 정신적·육체적 기술도 갖추어라.
- 개인적인 기술을 팀 기술로 전환하라.

Keeping 장점 강화 유지

빈번한 포상과 인정

- 목적과 가치, 기술 향상, 협동심을 반영하는 행동을 유심히 살피고 그 행동에 대해 포상, 또 포상, 자주 포상하라.
- 사람들이 잘하는 것이나 앞으로 잘할 만한 것들을 미리 파악해 두어라.
- 벌은 가하지 말고 목표를 향해 다시 지시하라.
- 모든 인정과 포상은 목적과 목표에 다시 연결되도록 하라.

블랜차드, 팀 향상 프로그램의 구성

『경호!』가 주로 개인적이면서 집단적인 에너지를 창조하는 데 초점을 맞췄다면
『하이파이브』는 최고를 가능하게 하는 팀 향상과 통솔력에 중점을 두고 있다.
『하이파이브』는 『경호!』와 『성과 높은 팀(HPT, High Performance Team) 만들기』
사이의 다리라고 생각하면 도움이 될 것이다. 아래 도표는 어떻게 이 세 프로그램이
같은 맥락으로 통합될 수 있는지 보여준다.

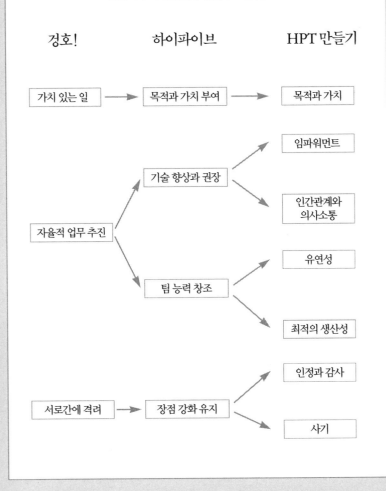

겅호! (Gung Ho!) '워크숍' 안내

위기를 극복하고자 하는 모든 조직에 무한한 열정과 에너지 충전!
미국 2000년도 Human Resource 분야 Top 10 Best 프로그램으로 선정!
코오롱 그룹, 현대자동차, 청와대 경호실 등 겅호 조직화!

■ 겅호! 워크숍의 특징

- 포천 500대 기업을 비롯, 수많은 조직들이 앞다투어 도입한 최고의 프로그램
- 한국 블랜차드컨설팅그룹에서 한국 실정에 맞도록 프로그램을 강화했으며, 공개교육 및 개별 기업교육에서 폭발적인 호응을 얻고 있습니다.
- 조직의 풍토를 'Work Hard!' 에서 'Work Smart!' 로 변화시킵니다.
- 참가자 조직 부서의 '겅호! 지수(GHQ)' 사전 진단 결과로 매 모듈마다 Solution 수립
- 다양한 시청각 자료, 스스로 대안을 찾아가는 새로운 교수법

■ 워크숍 내용

- 겅호! 친구 : 최고의 성과를 올리는 겅호팀의 특성
- 목적과 가치 : 개인과 조직의 목적과 가치를 한 방향으로 정렬
- 다람쥐의 정신 : 가치 있는 일/Smart 목표 수립/성과-가치 매트릭스
- 비버의 방식 : 임파워먼트 구현/최고의 성과를 실현하는 리더십/팀원간 신뢰 구축 및 시스템 분석
- 기러기의 선물 : 칭찬, 격려, 감사하는 요령/$E=MC^2$의 비결
- 변화 계획 수립 : Action Plan 작성

※ 3일(24시간) 과정입니다.
※ 각 모듈마다 비디오 시청, 사례 연구, GHQ 분석 Action Plan 작성 형식으로 진행됩니다.

■ 워크숍 문의 : 한국 블랜차드컨설팅그룹(주)

전화 : 02-566-3888 ▌팩스 : 02-566-0339 ▌E-mail : blanchardk@chollian.net

한국 블랜차드컨설팅그룹(주) 소개

■ 한국 블랜차드컨설팅그룹의 구성

한국 블랜차드컨설팅그룹(이하 KBK)은 한국 기업이 세계 일류의 경쟁력을 확보할 수 있도록 종합적인 솔루션을 제공하는 인사 조직 관련 컨설팅 기관입니다.

현재 KBK는 경영학, 심리학 그리고 기업교육 분야의 전문가들로 구성된 20여 명의 '자문 교수단'과 함께 30여 명의 국내 산업교육 및 경영 컨설턴트로 구성된 '전문위원'이 파트너십을 갖고 기업의 생산성 제고를 위하여 노력하고 있습니다.

■ 블랜차드 프로그램의 특징

블랜차드 프로그램의 특징은 혼돈과 경쟁, 복잡화, 인간성 회복 등의 세계적인 조류에 맞추어 기업 및 조직의 최고 생산성과 구성원의 만족을 동시에 실현할 수 있는 종합적인 경영 혁신 도구라는 점입니다.

동양의 지혜와 서구의 합리성을 적절히 통합하여, 창의적인 모델을 제시하고 있으며, 미국은 물론 전세계 22개국의 지사를 통해 그 성과가 입증되고 있습니다. 수많은 고객사들이 Fortune지 선정 500대 기업에 선정되는 등 신뢰와 존경을 한 몸에 받고 있는 경영혁신 도구입니다.

■ 주요 컨설팅 기업 및 공공기관

청와대, 현대자동차, 농심, SKC, 고려아연, LG정유, LG화학, Posco, 효성, 한국산업은행, 제일투자신탁, KEC, 코오롱 그룹, 삼화페인트, 중앙교육진흥연구소, AC Nilson, Ohaus Korea, Pfizer 등 국내 최고의 기업들과 함께 합니다.

KI신서 6527

하이파이브

1판 1쇄 발행 2001년 11월 3일
2판 2쇄 발행 2020년 6월 1일

지은이 켄 블랜차드 · 셀든 보울즈 **옮긴이** 조천제 · 박종안
펴낸이 김영곤 **펴낸곳** (주)북이십일 21세기북스
영업본부 이사 안형태 **영업본부 본부장** 한충희
출판영업팀 김수현 오서영 최명열
제작팀 이영민 권경민
출판등록 2000년 5월 6일 제406-2003-061호
주소 (10881) 경기도 파주시 회동길 201(문발동)
대표전화 031-955-2100 **팩스** 031-955-2151 **이메일** book21@book21.co.kr

(주)북이십일 경계를 허무는 콘텐츠 리더

21세기북스 채널에서 도서 정보와 다양한 영상자료, 이벤트를 만나세요!
페이스북 facebook.com/jiinpill21 · **포스트** post.naver.com/21c_editors
인스타그램 instagram.com/jiinpill21 **홈페이지** www.book21.com
유튜브 www.youtube.com/book21pub
서울대 가지 않아도 들을 수 있는 명강의! 〈서가명강〉
네이버 오디오클립, 팟빵, 팟캐스트에서 '서가명강'을 검색해보세요!

© 켄 블랜차드 · 셀든 보울즈
ISBN 978-89-509-6474-0 03320
책값은 뒤표지에 있습니다.